从百年美股，看A股百年

美股百年行情复盘与A股趋势分析

纪春华　郑羽逍　著

清华大学出版社
北京

内 容 简 介

本书旨在通过中美股市对比，探寻 A 股所处阶段及未来可能的发展路径。由于美股市场的历史要远长于 A 股，且中美之间经济发展阶段也存在较大差异，因此同一时期的 A 股和美股并不具备可比性。因此，本书不仅通过时间线的方式分别对两个市场的发展过程进行梳理，更是针对股票市场的不同方面，如流动性情况、投资者构成、行业构成、交易规则及市场监管等一系列主要因素，对中美股市进行比较研究，从美股变化规律中寻找 A 股目前所处阶段以及未来发展趋势。在比较中美股市的过程中，本书还穿插了对股市研究方法的讨论，以及作者对于股市本质的一些理论思考。

图书在版编目（CIP）数据

从百年美股，看A股百年：美股百年行情复盘与A股趋势分析 / 纪春华，郑羽逍著. —北京：清华大学出版社，2023.3

ISBN 978-7-302-62235-2

Ⅰ．①从… Ⅱ．①纪… ②郑… Ⅲ．①股票市场－研究－美国②股票市场－研究－中国 Ⅳ．①F837.125②F832.51

中国版本图书馆CIP数据核字(2022)第233644号

责任编辑：顾　强
封面设计：周　洋
版式设计：方加青
责任校对：王荣静
责任印制：曹婉颖

出版发行：清华大学出版社
　　　　　网　　　址：http://www.tup.com.cn，http://www.wqbook.com
　　　　　地　　　址：北京清华大学学研大厦A座　　　　　邮　　编：100084
　　　　　社 总 机：010-83470000　　　　　邮　　购：010-62786544
　　　　　投稿与读者服务：010-62776969，c-service@tup.tsinghua.edu.cn
　　　　　质 量 反 馈：010-62772015，zhiliang@tup.tsinghua.edu.cn
印 装 者：小森印刷霸州有限公司
经　　销：全国新华书店
开　　本：170mm×240mm　　印　　张：13.75　　字　　数：222 千字
版　　次：2023 年 3 月第 1 版　　印　　次：2023 年 3 月第 1 次印刷
定　　价：78.00元

产品编号：096180-01

序 言

PREFACE

　　股市让许多人趋之若鹜，但能够从中全身而退的人屈指可数。大多数人炒股的直观感受，就是曾经也赚过钱，但最终都没有赚钱。这时候，即使再不会思考的人，在切身利益的驱使下，也会去寻找问题的根源。但最后他们往往走进了一条死胡同，分析一些没有意义的事情，就像每天看着股价，或者一堆指标，判断下一步的走势。这本质上就和通过赌局里上一把开的点数，来押注下一把的大小一样。即使赌场没有任何作弊的行为，在统计学上来看，这样的分析，都是在没有意义的噪声中寻找规律。只要你有"发现"的眼睛，便似乎可以找到无数个"财富密码"。但这些所谓的"财富密码"，可能有时会成功，有时又会失败。实际上，在随机事件中找到的规律，其运用的结果也是随机的。大多数人凭借一些不稳定的规律，在以有限的本金和无限的市场进行对赌中，最终都会输光本金。在一次次被打脸后，许多人会将责任归结为："这个市场不行，看看人家美股，牛市一来就来几十年，发生经济危机也不用害怕，很快就会转危为安，继续长牛……"

　　与美股长达百余年的历史相比，A股市场确实显得有些年轻。我们常说同类物体的发展轨迹，必然有其相似之处。就像两个不同的人，虽然会有其各自的人生，但都难免生老病死的共同宿命。东西方之间，或者说只要有人类社会的地方，不论地理上有多远，文化差异多大，一些涉及人类本性的东西，也是相通的。有些东西，从古至今也都是相通的。历史每天都在以不同的形式重演。所以说，温故而知新，师夷以长技，往往成为我们成长的主要方式之一。

　　但是否我们依葫芦画瓢，就能够获得美股百余年来在全球来看都较为成功的表现？事实上，有些东西可以借鉴，但如果仅仅依靠借鉴就能成功，那成功就来得太容易了。对美股的研究，充其量能够发现 A 股未来的轮廓，美股也只能充当 A 股发展的底稿。具体 A 股这幅画卷呈现出来的样子，还需要无数 A 股独特的细节来丰富。股票市场，并非自然科学的产物，而是人类社会制定的一套游戏规则。研究股市所用的经济、金融、财务等学科也都属于社会科学体系，归根到底是由人决定的。这其中人的能动空间也非常大，并没有一套如数理化一般放之四海而皆准的原理或定理。因此，A 股的发展也存在较大变数，可能完全没有按照美股的路径来展开。这就需要我们根据我国的具体情况来判断中美股市未来发展可能的差异。但可以肯定的一点是，A 股的发展不会按照美股的轨迹来生搬硬套。

因此，从这层意义上讲，研究美股并不能为我们提供财富密码。事实上，每个人都有属于自己的财富密码，从别人处得来的并不见得在自己身上也适用。真正的财富密码需要依靠自己去发现。不然，市面上如此众多的投资书籍，随便看几本就解决了财富问题。我相信除了小部分外，多数作者是将自己亲身经历、行之有效的经验分享出来的。

本书除了通过对比寻找中美股市的共性之外，还更多着眼于 A 股未来发展的特性。另外，仅仅讨论 A 股市场的发展，读者可能还是不太了解如何从中分享到 A 股发展的收益。事实上，虽然我们一直觉得 A 股不赚钱，但如果比较 A 股和美股主要指数的年化收益，它们并没有相差多少。因此，投资方法的运用，也非常重要。这里所说的投资方法，并不单单是指研究分析。研究仅仅是投资决策中的一小部分，并且有着天然主观的缺陷。回想一下，有多少次，你经历了"一通分析猛如虎，投资收益惨不忍睹"的窘境？当然，为了和本书主题相符，本书更多是从错误示范的角度，涉及了一些主观研究方法中的误区，以避免对一些"预测大师"的过分迷信。

随着人民币国际化进程的推进以及中国资本账户进一步双向开放，A 股市场也将从关起门来独立发展转向更进一步融入全球金融市场大环境。在更多的外资机构参与 A 股市场以及中国资本走向世界相融合的阶段，A 股市场的参与者积极探索未来 A 股市场将会产生的变化。在这个过程中，一些发达市场的成功要素及其在各个阶段发展中存在的问题，都是值得我们借鉴的宝贵经验。

美股市场作为全球最成功的市场之一，与中国经济有千丝万缕的联系，相信值得拿来做一些比较研究，从中一窥中国股票市场目前所处的阶段以及未来可能的发展路径。这其中，不光存在资本市场整体的对比以及经验借鉴，在目前中国 GDP 规模仅次于美国、中美之间竞争加剧的时期，如何通过我们的资本市场培养一批优秀的企业参与国际竞争，在下一次产业革命到来之际实现"弯道超车"，也是我们需要寻找的答案。

这便是写作本书的初衷。

纪春华

2022 年 10 月

目 录
CONTENTS

第一章
为何选择美股进行对比

第一节
美股为全球最成熟股票市场之一

美股从 1792 年，24 个股票经纪人在纽约华尔街的一颗梧桐树下开始，到目前为止已经经历了 230 多年，几乎与美国的历史一样长。虽然就国家历史来讲，美国远不及中国历史悠久，但美国股市的百年历史，与我国证券市场 30 年历史相比，已经大为成熟，值得我们借鉴与学习，并从中找到我国 A 股市场的发展方向。美股作为全球最成熟的股票市场之一，已经在市值规模、流动性环境、投资者结构、行业结构、交易机制、监管体系等多个方面建立优势。美股通过提供完善的法律体系、透明且公平的监管机制、灵活高效的交易制度，以及品种丰富的投资工具，吸引着来自全球的投资者，并培育出了一批全球最大市值公司，引领着全球产业升级。

市值

从市值来看，美股为全球最大股票市场。所谓美股市场，其实是由多间交易所共同构成的。美国主要交易市场共有 3 个，分别是纽约证券交易所（New York Stock Exchange，NYSE，简称纽交所）、纳斯达克证券交易所（National Association of Securities Dealers Automated Quotation，NASDAQ，简称纳斯达克）、美国证券交易所（American Stock Exchange，AMEX，简称美交所）。截至 2021 年底，美国三大证券交易所合计有超 6 000 只股票，累计市值达到 69 万亿美元，为全球最大股票市场。相比之下，我国 A 股市场共有约 4 700 只股票，累计市值约 90 万亿人民币，约 14 万亿美元，仅占美股市值的 20%，为全球第二大股票市场。另外，我国还有港股市场，共有约 2 500 只股票，累计市值约 5.4 万亿美元。若将 A 股与港股合并计算，我国股市规模约占美股的 30%。

美国三大交易市场中，纽约证券交易所是美国历史最悠久、规模最大也最为成熟的证券市场，至今已有200多年的历史，上市股票超过3 000只。作为美股的主板市场，纽约证券交易所上市条件也较为严格，多为业绩优异、盈利稳定的企业。世界500强等著名的大企业多在纽交所上市。纳斯达克成立于1971年，历史不长，却是成长速度最快的市场之一。纳斯达克目前是美国上市公司最多、交易最为活跃的交易所。纳斯达克的上市公司大多处在新经济行业，包括所有高新技术行业，如软件互联网、硬件科技、通信、生物技术、新能源、现代零售等。美股目前市值最大的股票，也都集中在纳斯达克。截至2021年3月1日，标普500指数成分中，前五大公司分别为苹果（APPLE）、微软（MICROSOFT）、谷歌（ALPHABET）-A、亚马逊（AMAZON）、特斯拉（TESLA），合计市值占比达到23.6%，均为纳斯达克上市公司。纳斯达克也是我们相对较为熟悉的交易所。我国的互联网龙头，包括阿里巴巴、百度、京东，以及早期的新浪、网易、搜狐等，都选择在纳斯达克上市。美国证券交易所现在为美国第三大股票交易所，是唯一能同时进行股票、期权和衍生产品交易的交易所，其关注中小型企业，成为中小市值公司的最佳交易所。

我国多层次的资本市场内部各板块定位、功能均有侧重。沪深主板主要为大型成熟企业服务，可对标美股的纽交所。创业板聚焦高成长性的中小企业，功能上类似于美股的美交所。科创板聚焦成长型、创新型科技企业，主要对标美股的纳斯达克。新三板则主要服务于创新型、创业型、成长型中小微企业，可对标美股的OTC（Over the counter）市场（指场外交易市场）。但与美股等发达国家股市相比，我国多层次资本市场仍处于建设完善阶段。在交易时间、交易制度、盘中稳价机制、做空机制、投资品种等方面还存在一些不同。

投资者结构

美股投资者结构更为成熟，以机构投资者为主。美国养老金规模的扩大以及直接入市，为美股市场带来持续、稳定的基本盘，极大地改善了美股作为一种可中长期持有的资产类别的投资环境，同时也促进了其他各类机构投资者的发展。20世纪70年代，在美国养老金体系的一系列改革以及税收优惠的刺激下，美股养老金持股占比进入加速上行时期。截至1985年，养老金直接持股占比达到最高的27%。在美国养老金开始通过共同基金间接持有美股之后，美股市场的共同基金也开始迎来大发展时期。随着各类基金产品的层出不穷以及专业化、差异化的资产管理策略，共同基金持股占比在 2008 年之后一直维持在 20% 以上。养老金通过投资共同基金间接持有美股的比例逐渐增加，是共同基金持股占比快速上升的重要原因之一。养老金持有共同基金的占比在 2000 年后一直稳定在 20% 左右的水平。养老金在发展到一定规模后，更倾向于选择通过投资共同基金间接持股，主要是由于过于庞大的资产管理规模不利于进行差异化的投资来分散风险，而市场上各种专业化的共同基金产品，则恰恰能够满足养老金这方面的不足。另外，美国对于雇员退休保障的相关政策也提出，企业在为雇员提供养老计划时，需要提供多种不同风险等级的投资工具以供雇员选择。而多数缺乏投资能力的普通雇员会选择更加容易的共同基金。

随着技术的进步，交易所交易基金（Exchange Traded Fund，ETF）以更低的风险、更低的成本、更高的透明度，使得个人投资者也能够像基金一样，参与到投资一篮子股票当中。同时，ETF 也可以像普通股票一样，在被拆分成更小交易单位后，在交易所二级市场进行买卖。因此，ETF 兼具了投资股票和基金的特点，为许多个人以及机构投资者所青睐。另外，2000 年后高频交易的兴起，也使一大批基于模型算法的量化基金大行其道。由于高频交易需要运用昂贵的计算工具以及高速的网络传输，以保证市场信息的快速获取以及订单的成交效率，参与高频量化交易就需要通过能够负担相应成本的机构来进行。如此一来，又进一步增加了机构投资者在美股的占比，挤压了个人投资者的份额。

随着"二战"之后美元全球霸主地位的奠定，持有美元的全球各类投资者，包括各种对美出口较大国家的主权基金，将美股作为其持有的主要资产类别之一。外资的持续涌入，也是美股较为持续稳定的资金来源之一。即使美元的流动性持续泛滥，但在找到更好的替代品之前，全球投资者不得不继续持有美元资产。美股的外资直接持股占比在 2010 年后一直稳定在 15% 左右。

中国内地目前的投资者结构，与美国最大的差别在于 A 股机构投资者占比仍然较低。A 股中，境内机构占比约 15%，外资占比约 5%，合计约 20%。而美股中养老金（10%）、共同基金（20%）、外资（15%）等机构投资者合计约占 45%。个人投资者占比方面，A 股约为 30%，美股约为 35%，两者差别不大。因此，A 股机构占比较低并非因为个人投资者占比高。最主要的原因，还是一般法人占据了近 50% 的 A 股流通份额。

市场行业结构

美股自 19 世纪末推出以来，经历了百余年的变迁，其行业结构已经发生了翻天覆地的变化，也基本准确反映了美国经济结构的变迁。20 世纪初，美国仍处在以基础设施为支柱产业的阶段，因此美股最先发展起来的也是以铁路为主的交通运输行业。在成熟的基础设施完成后，美国就迅速进入了**早期工业化**。此时，美股中以农产品加工、自然资源加工等劳动密集型企业为主。之后，随着"一战"结束，电气时代到来，美国的工业化也从劳动密集型向资本密集型转变，此时美股出现了一批汽车制造、机械制造、电气、钢铁、石油等重工行业股票，并且在"二战"的过程中，美国的工业化得到了进一步的发展，走向**成熟工业化**。"二战"后，美元霸权地位形成，美国经济进入高速增长期，美国居民购买力提升，美股消费行业的占比也开始逐渐增加。但美国的工业化开始遭遇发展瓶颈。工业化推动生产要素价格上涨，结合 20 世纪 70 年代两次能源危机的爆发，能源价格暴涨，导致美国高能耗的工业体系难以为继。美国开始进行**去工业化**，将一些低端制造业外移，仅在本国保留高端制造及核心研发部门。同时，冷战期间的军备竞赛，使美国持续攀升科技树，并将一批军事科技成果转向民用，形成了一轮以科技为核心的**产业结构升级**。进入 20 世纪 90 年代，美股中以信息技术、生物医药为代表的新兴产业迅速崛起，而以工业、能源、原材料为代表的旧经济行业占比迅速下降。进入 21 世纪，伴随着科网危机及次贷危机的相继发生，美国政府为应对危机而采取连续降息及量化宽松政策，为美股的金融及房地产业发展提供了极为宽松的货币环境，导致美股的金融板块迎来了大发展。互联网业从危机中恢复，美股中信息技术业占比也开始逐渐回升。

标普 500 指数具有成分股众多、采样面较广、筛选标准明确、连续性好等优点，因此，能平衡反映美股全貌以及行业变化。截至 2021 年底，标普 500 指数中信息技术业占比达到 29.2%，接近了互联网泡沫破裂前的高点。医疗保健继续占据美股第二大行业的位置，占比 13.3%。必需消费则上升至第三位，占比 12.5%。此时的旧经济行业占比已经大幅萎缩。能源、原材料、工业合计占比仅不到 15%。

与美股行业结构相比，A 股的行业结构仍然集中在传统周期行业。截至

2021 年底，A 股中工业、原材料、可选消费、金融、能源、房地产合计占比为 61.4%，远高于美股中该六类周期行业仅 32.3% 的占比。但 A 股中典型的成长股，同样属于我国产业结构升级期间发展起来的新兴行业，占比却普遍低于美股。A 股的信息技术、医疗保健占比分别为 16.0%、8.2%，低于美股的 29.2%、13.3%。由于我国产业结构升级本身落后于美国，以及推行 A 股上市核准制度，A 股的周期行业占比偏高，成长行业占比偏低，与美股的行业结构形成较大差异。

交易规则

A 股与美股交易时间相比，最大的区别在于 A 股交易时间偏短。以正常交易时间来算，A 股每个交易日仅有 4 个小时交易时间，而美股则有 7.5 个小时，并且美股中午不休市。若考虑盘前及盘后交易时段，美股交易时间达到了 16 个小时，为 A 股交易时间的 4 倍。交易时间延长以及没有午休，意味着每个交易日之间的间断时间缩短，交易日内没有间断，有利于提高交易的连续性。一个能够连续交易的市场，可以更好地避免因交易时间限制导致的交易拥挤，尤其是在有重大突发事件时，除了事件本身对股价的影响之外，市场行为因素有可能造成股价过度波动。延长交易时间，能够将在非交易时间发生的事件影响，通过盘前、盘后交易部分释放，并在更长的交易时间段内充分反应，加快市场对事件的定价过程，降低股价在正常交易时段的波动。因此，美股更长的交易时间，导致交易连续性更好，美股风险更低。A 股则可以进一步延长交易时间。

美股市场及全球其他主要股票市场，均采用 T+0 交易制度，即允许完整的日内回转交易。T+0 交易制度对投资者日内交易行为不施加额外限制，因此将释放此类交易需求，有助于活跃市场，增加股票成交量，提高股市流动性。从我国 1992—1995 年期间短暂实施 T+0 的情况来看，T+0 让交易量有明显提升。在国际主要证券市场，日内交易占市场总交易量的比重通常在 15% 以上。除了增加交易活跃度，被解除当日卖出交易限制的股票也能够立刻参与到市场定价的过程中，从而加速价格发现，使得市场价格能够真正反映市场供需。

采用 T+0 交易制度，同样也增加了投资者获利的手段。资金可以灵活地进出，使得高频量化交易能够得到发展空间。在美股，量化投资经过数十年发展，已经成为一种成熟的投资手段。目前美国量化交易规模占比达到约 10%，成交额占比达到 70% 以上。而量化交易中，高频交易又是主流。目前，美股机构投资者中高频量化基金的交易已经超过了低频量化基金的两倍。因为计算机算法、算力等量化交易的优势能够在高频交易中发挥到最大。多数高频交易策略的特点之一就是不持仓过夜。如果在采用 T+1 交易制度的 A 股市场，典型的高频交易就难以展开。

采用 T+0 制度是成熟股票市场的标志之一。我国若要与国际市场进一步接轨，吸引外资投资 A 股，实行 T+0 也将是大势所趋。但在 A 股个人投资者仍然占比较大的情况下，在主板推行 T+0 制度存在较大系统性风险。作为改革试验田的科创板可开始率先推行 T+0 配套制度改革，待成熟后再全面推广至主板市场。

美股与 A 股同样采用个股涨跌幅限制与指数熔断结合使用，但美股是典型的以机构投资者为主的成熟市场，在面对恐慌性抛售时相对较为理性，不容易加剧流动性枯竭。另外，美股的个股涨跌幅限制是基于动态的参考价格，不单只看波动的幅度，同时还考虑波动的速度，而美股指数熔断机制则仅考虑价格较前收盘价的涨跌幅。这样就使两种机制的触发阈值不容易重合。同时，美股三级熔断阈值分别为 7%、13%、20%，相隔较远，即使考虑市场的基础波幅，每级之间的界限也比较清晰，分别对应不同等级的市场波动，不容易在两级之间形成虹吸。

因此，我国如要再次实行指数熔断机制，需要等待市场投资者构成以机构为主导时，投资者行为才能更加趋于理性。

此外，在设计熔断机制时，要充分考虑各级阈值之间的距离，以及与其他盘中稳价机制之间的差异性、互补性。否则，机制内、机制间的各种阈值叠加，容易形成虹吸效应，反而放大了波动。当然，当市场发生由重大事件，如战争、疫情等驱动的暴涨暴跌时，由于这些是因巨大的基本面或者流动性预期变化而导致的波动，所以涨跌幅限制、指数熔断机制的作用都相对有限。

从金融衍生品丰富程度来看，A 股市场与美股还存在较大差距。由于中美股市在投资者构成、融资成本、产品成熟度等方面的差异，我国对于衍生品交易的监管整体上要更加严格。但衍生品工具是金融市场发展到成熟阶段的必然产物，也是 A 股进一步国际化的必要条件。因此，在制度完善、监管到位的基础上，A 股需要继续丰富衍生品种类，扩大标的资产容量，尽可能为市场提供多空双向交易途径，提高市场价格发现效率。

流动性

一般来说，一个国家的股票市场走势，在初期，可以被称为经济"晴雨表"，也就是股价走势的主要驱动因素为基本面因素。但像美股这样，在中后期，也就是"二战"之后，经济周期可能反映了美股市场的波动情况。但作为美股长期的走势，经济层面或者说基本面并不能解释其长牛的原因。或者用美股危机派的言论来说，美股早已脱离了基本面，一直在天上飞。这也就是过去十年每年都有人要喊一遍"美股危机"的原因。但美股更多的时候，是随着经济周期波动的，或者说美联储政策的变化，呈现小跌大涨，快跌慢涨，并没有形成真正的危机。即使 2020 年新冠疫情爆发，美股大幅下跌，美国经济亦出现衰退，美股也在一个月后"满血复活"。这时候，就不能通过经济"晴雨表"的理论来解释。股票往往从两方面来进行解释：基本面以及流动性。流动性应该是在近十年影响美股最主要的因素。对美股来说，美国在"二战"之后建立的霸权地位，美元取代黄金形成的世界货币地位，可以通通转化为美股独特的优势，但这种优势并非体现在基本面上，我们可以将其归类为流动性方面的优势。而这种流动性优势，就转化为美股的估值溢价。从全球主要股市的估值来看，可以看到，美股长期处于领先地位。

美联储货币政策在紧缩与宽松之间反复转变，是引起美股流动性周期变化的主要原因。但如果我们跳出一个个具体的加息以及降息周期，可以清楚地看到，自 20 世纪 80 年代以来，美国实际上处在一个大的降息周期中。而所谓的加息周期，只是这个长期降息趋势中的几段波动。因此，从长期来看，美股所处的流动性环境一直都是宽松的，这也是美股能够呈现长牛的重要原因之一。换作世界上其他任何一个国家，都没有能力主动实行这种长期的宽松政策，只能跟随美联储的脚步，被动地接受全球货币超发的现实。由于美股享有独特的美元宽松流动性环境，美股的长牛走势也是独一无二的，至少在目前阶段，难以被其他国家股市所复制。

监管

美国股市真正进入以注册制为基础的监管，始于美国国会在 1933 年通过的《证券法》。1933 年《证券法》的诞生，正值美国经历了"大萧条"的摧残，市场信心严重不足。与早期更为严格的以《蓝天法》为基础的审核式监管不同，1933 年《证券法》以加强信息披露以及政府监督为主，通过恢复证券市场本身的资产定价功能，逐步建立投资者对资本市场的信心。证券法的主要目标有两个：确保投资者得到有关公开发售证券的财务及其他重要资料；禁止在发售证券过程中有欺骗、失实陈述及其他欺诈行为。自此，在 1933 年《证券法》的框架下，美股在上市前，只需要建立一个注册登记表，向 SEC（Securities and Exchange Commission，证券交易委员会）披露公司的资产以及营利情况，并提供经独立审计师核算的财务报表。同时，1933 年《证券法》确立了反欺诈原则。任何在注册登记表上签字的法人、主要承销商和其他相关人员，对文件中所陈述的任何内容都负有保证其真实性的责任。任何做出错误披露的人都要承担相应的法律责任。

如果说 1933 年的《证券法》是美股新阶段世界观的确立，那美国国会于 1934 年通过的《证券交易法》则可以被认为是新阶段方法论的形成。这其中，最重要的就是赋予了 SEC 广泛的权力，来处理证券经纪、交易结算以及自我规管机构等证券展业过程中各方面的监管。在 1934 年《证券交易法》的规定下，SEC 成为美国证券相关法律的主要执行机构，也成为美股的主要监管机构，以保障投资者利益，维持证券市场正常运作。它同 1933 年的《证券法》一起，共同形成了美国以注册制为主的证券法律体系，成为证券法律体系的奠基石之一。此后，美国又相继通过了 1939 年的《信托契约条例》、1940 年的《投资公司法》等一系列法案，形成了美国资本市场监管多层次的法律体系，几乎覆盖了股票市场的各个方面。

SEC 于 1934 年根据《证券交易法》设立，集准立法权、独立执法和准司法权于一身，权限广泛，可以独立行使职权，为负责监管证券市场各方面最主要的机构。SEC 的监管宗旨为寻求最大的投资者保护和最小的证券市场干预，其主要职能为加强证券市场的信息披露，保证证券市场信息的真实性、准确性，打击虚假信息、欺诈、股价操纵、过度投机和内幕交易等行为，维护证券市场参与者的正当权益，通过构建一个公开、公平、透明的证券市场环境，达到有效配置资源的目的。

SEC 在原则上寻求最小的市场干预，因此也会将部分监管的权力下放给证券行业的自我规管机构。自我规管机构为会员制组织，是负责监管的前线机构，但仍然需要接受 SEC 的监管。这些机构需要根据各自的业务特点制定规则，以确保市场稳健运营，保障投资者利益。但相关规则的制定及修改仍需提交 SEC 审批。SEC 也可在有需要或适当的时候，修订自我规管机构的规则。

在美股上市，证券发行人须首先向 SEC 递交注册文件，同时向交易所递交上市申请。值得注意的是，在整个企业上市以及持续交易的过程中，SEC 不会为每个交易所制定上市以及持续交易的标准。虽然 SEC 并没有直接参与到交易所上市标准制定以及执行的过程中，但并不意味着没有监管。SEC 仍然可以通过多种方式在后台进行监管。SEC 对于上市及退市的监管，并不在于对上市企业的价值判断，而在于充分的信息披露。因此，股票上市的定价完全由市场决定。

与美国 SEC 独立于其他行政部门之外，拥有准司法权、准立法权以及独立执法权不同，我国证券监管机构的核心——证监会属于政府部门，代表政府的意志，在执行监管责任时，又要兼顾多种行政目标。美国除了 SEC 之外，还有各类自律监管机构行使各自的监管职责，能够根据各自的业务特点制定规则，具有较高的权威性。

第二节
中美经济互为依托

自中国改革开放以来，中美经济的发展就开始被深度绑定。中国是美国全球产业链布局的重要一环，也是美国许多产品的重要海外市场。美国则为中国对外开放过程中重要的外资来源地，为中国的工业化体系建设提供了技术以及管理经验，是中国重要的出口市场。2022 年第一季度，以单个国家来看，中国是美国第一大贸易伙伴，美国是中国第二大贸易伙伴。

贸易额

自 1972 年尼克松访华，中美关系开始走向正常化的道路，两国之间的双边贸易额开始逐渐增加。但由于这一时期，中国的工业基础还比较薄弱，难以立刻投入贸易生产，整体的贸易规模还是保持在较低水平。在 1978 年十一届三中全会上，我国确定了改革开放的发展道路。随后于 1979 年与美国正式建交。这也正式开启了两国双边贸易关系的大门。之后的 20 世纪 80 年代，中国内地承接了以港澳地区为主的劳动密集型轻工业，中美贸易额迅速提高。进入 90 年代后，伴随着发达国家的产业升级以及对新兴市场国家进行的以资本密集型为主的产业转移，中美货物贸易的种类又逐渐拓宽至电机设备、机械等重工业产品，尤其是 2001 年中国加入 WTO（世界贸易组织）后，中美之间的贸易额开始突飞猛进。如图 1-1 所示，2002—2008 年，中美货物贸易规模持续增长，平均涨幅达到 22.8%。2008 年金融危机后，伴随着美国经济的持续疲弱，中美双边货物贸易增速开始波动下滑。2018 年，中美之间爆发了贸易摩擦，中美贸易额开始出现负增长，但这并不能改变中美这两大经济体之间相互依赖的关系。

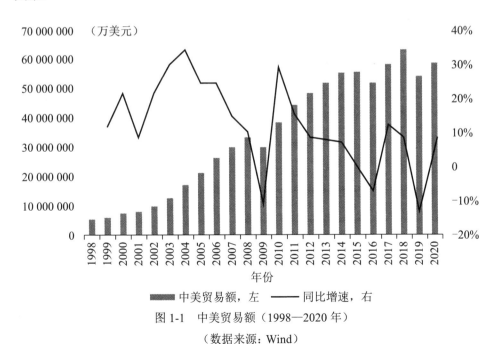

图 1-1　中美贸易额（1998—2020 年）

（数据来源：Wind）

中国对美国出口

中美贸易中，美国为中国产品提供了巨大的消费需求，是中国最大的出口市场。同时，中国也是美国最大的进口来源地。从 1998 年至 2020 年，中国对美国出口额已经增长近 12 倍。由于中美产业结构的互补，中美贸易中长期存在中国对美国贸易顺差情况。2020 年，中国对美国贸易顺差为 3 164 亿美元，较 1998 年增长近 15 倍。中国对美国的贸易顺差，实际上符合两国的比较优势。中国凭借在改革开放过程中释放的大量低成本生产要素，以及在发展中国家优势明显的基础设施，迅速形成了全球规模最大、产业分布全面的制造业，为中国在全球产业链重新布局中占据了一席之地。在全球供应链体系中，中国过去采取了"两头在外、大进大出"的对外贸易发展战略，从美国进口核心零部件，在我国进行加工组装后，再出口美国进行销售。这使得中国对美国出口中有一大部分为加工贸易。在这一模式下，中国处于价值链的低端。而美国在全球贸易中的优势，主要体现为其领先的科技实力。这就使美国掌握了研发、设计等高附加值环节，处于价值链的高端，并且获得了价值链的绝大多数利润。在全球化的产业链布局中，美国高附加值的研发设计环节正好与中国的低成本加工贸易形成优势互补，美国为中国提供资本品和技术，中国为美国提供制成品，导致中美两国在双边贸易中的关系越来越紧密。

美国对中国出口

2021 年，中国是美国出口的第三大市场，也是除北美地区外最大的出口市场。自 1998 年至 2020 年，美国对中国出口已经增长近 8 倍，大幅超过同期美国整体出口增速。目前，中国主要从美国大量进口农产品及高科技产品，包括大豆、飞机、汽车、集成电路等，中国是美国的主要出口市场。

中国对美国的贸易顺差，主要是由货物贸易导致。而美国对中国的顺差，主要体现在服务贸易上。中国的服务贸易起步相对较晚，并且增速远低于货物贸易。随着中国加入 WTO，中美双边服务贸易也出现快速增长，尤其是从 2006 年开始，由于不再钉住单一美元，人民币开始了其升值阶段。中国对美国服务贸易进口额迅速增加，但出口额变化不大，这导致中国对美国服务贸易逆差扩大。目前，中美双方对两国之间服务贸易依赖程度都比较大。2020 年，美国是中国最大的服务贸易逆差来源国，中国则是美国最大的服务贸易顺差来源国。中美双方在旅游、教育、文化产业、技术贸易上，都有着深入的合作。

中国对美国的货物贸易顺差以及服务贸易逆差，实际上有利于双边的贸易优势互补，共同发展，形成相互依赖的利益共同体。中国制造的低成本商品使美国的通货膨胀保持在较低水平，美国的跨国公司通过中国的制造业体系完善其全球供应链的构建。与此同时，中国通过出口创汇解决了经济发展的资金问题，也在接收美国产业转移的同时完善了自己的工业体系，引进先进技术，助力产业升级。

贸易依存度

近年来，美国对中国的贸易依存度在不断上升，而中国对美国的贸易依存度在持续下降。从中美贸易额占美国全部对外贸易的比重来看，如图 1-2 所示，美国对中国的贸易依存度从 1998 年的 2.7% 上升至 2020 年的 11.9%。其中，美国对中国的进口依存度从 4.1% 升至 21.2%，出口依存度从 1.5% 上升

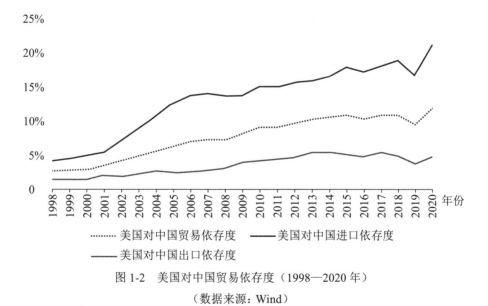

图 1-2　美国对中国贸易依存度（1998—2020 年）

（数据来源：Wind）

至 4.5%。相对进口而言，美国对中国的出口依赖程度较低，但中国已是美国出口的第三大市场。从中美贸易额占中国全部对外贸易的比重可以看出，如图 1-3 所示，中国对美国的贸易依存度已从 1998 年的 16.9% 下降至 2020 年的 12.6%。其中，中国对美国的出口依存度从 20.7% 下降至 17.4%，进口依存度从 12.0% 下降至 6.5%。相对来说，中国对美国的出口依存度仍然较高，进口依存度偏低。从中美对比来看，美国对中国的进口依存度要明显高于中国对美国的出口依存度。

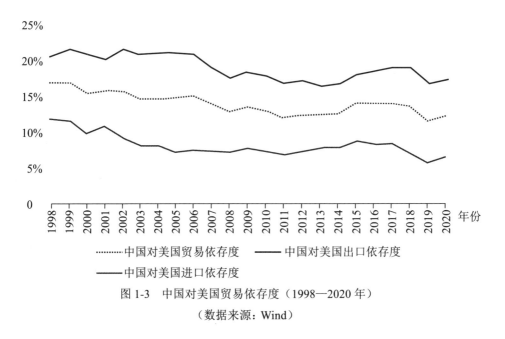

图 1-3　中国对美国贸易依存度（1998—2020 年）

（数据来源：Wind）

直接投资

中国改革开放之后，美国对中国直接投资增长一直比较缓慢。如图 1-4 所示，进入 20 世纪 90 年代后，随着市场经济体制的进一步建立，美国对中国投资开始加速。在 2008 年金融危机时，美国对华投资出现一段时间的波动，之后又继续快速上升。但从美国整体对外投资的规模来看，对中国投资的占比并不高，整体占 1% ～ 2%。相对于美国对中国投资，中国对美国直接投资起步更晚，并且在 2008 年之前，投资规模几乎为零。伴随着中国进一步开放资本

账户，以及从资本短缺阶段进入资本过剩阶段，如图 1-5 所示，中国从 2008
年之后的对美投资开始逐渐增加。同时，伴随着强制结售汇制度的取消，人民
币汇改进一步推进，2015 年后中国对美投资的规模激增。近年来，中国企业在

图 1-4 美国对中国直接投资（1986—2020 年）

（数据来源：Wind）

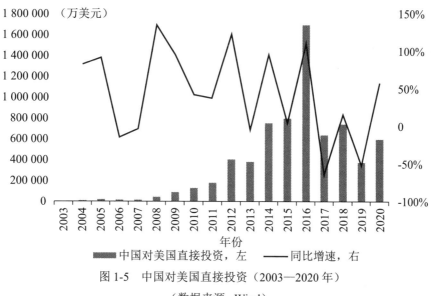

图 1-5 中国对美国直接投资（2003—2020 年）

（数据来源：Wind）

美国的投资迅猛增长，为当地经济发展、就业和税收的增加做出了积极贡献。但随着中美贸易战的爆发，美国开始加大对华投资审查力度，中国对美直接投资存量出现了下降。从总量来看，中国对美投资的规模快速上升，但占全球对美投资的比重仍然较低，仅在 1% 左右。

国债投资

中国从 20 世纪 90 年代开始出口导向型的发展，持有外汇水平快速上升，导致中国对美国国债购买额开始加大。加入 WTO 之后，我国外汇持有量加速上升。2008 年开始，中国成为美国国债的第一大海外持有国。2014 年之后，随着中国经济结构转型，国际收支趋于平衡，中国持有美国国债水平开始下降。2019 年时，日本超过中国成为美国国债的第一大海外持有国。

美国和中国的深度经贸合作，是建立在两国充分发挥各自在成本、技术、市场、资金等方面的比较优势后，为了双方共同利益最大化的自主选择。中美双方都在推动双边经贸合作上发挥了积极作用。虽然中美经贸关系的发展也经历起伏，但总体上能够保持相互依存、互利共赢的合作关系，并持续扩大经贸合作范围，通过更深度的合作来化解矛盾，最大限度地提高经济效益，实现两国共同利益。

第二章
美国股市各个历史阶段表现及特点

第一节

美国股市的一些久远历史

要追溯起美国股市的起源，那就要回到非常久远的过去，也就是 1792 年，关于 24 个股票经纪人在纽约华尔街一棵梧桐树下签署了《梧桐树协议》的故事。该协议规定了这个经纪人组织合作的一系列规则，并以会员制度开始交易股票和商品。而这一时期，对应的也就是中国清朝乾隆年间。1863 年，这个组织正式更名为纽约证券交易所，这便是美国股市的起源。为了衡量美国股市的整体表现，1896 年 5 月 26 日，由华尔街日报和道琼斯公司联合创始人查尔斯·道（Charles Dow）创造的道琼斯工业平均指数（DJIA）第一次对外公布，首日指数为 40.94。1929 年，道琼斯公用事业平均指数（DJUA）诞生。1992 年，道琼斯股价综合平均指数（DJCA）诞生。但 DJIA 一直是道琼斯指数系列中最著名、最有代表性的指数。

美国股市诞生时，美国虽已经独立，但仍处在混乱之中。1863 年纽交所正式成立时，美国还处在南北战争时期。内战结束后，美国又经过数十年时间，才开始逐渐稳定并进入专注发展经济的阶段。美国内部边界慢慢消失，工厂、铁路开始大量建设，城市规模开始扩大。直到 1896 年著名的道琼斯工业指数诞生时，美国才算真正进入工业化、城市化的时期。战争结束后稳定的政治环境，以及欧洲成熟工业体系的引进，使得美股能够快速从农业国向工业国转型。而在这个过程中，基础设施建设的需要，工业化转型的需求，使得大量钢铁、铁路等股票上市融资。美国股市在这一时期发展最快、业绩增长最迅速的也是工业类股票。而当时道琼斯工业指数（简称"道指"）的组成也恰恰反映了当时美国的经济构成主体：工业。

美国的工业化之路，伴随着国家实力的强大。到了 1913 年"一战"前夕，美国的工业总产量已经占全球 1/3 以上，相当于英、德、法、日四国的总和。其间，美国也吸引着全球的资本以及人才流入。1890—1921 年间，有将近 19 万名的移民来到美国。但这种平稳的资本积累，虽然也能让美国逐渐强大，但并不能让美国声名鹊起。真正让美国不仅仅在经济实力上超越欧洲老牌资本主义强国，并在全球领导力上大幅提高，奠定世界头号强国地位的，还是战争带来的非常规资本积累。1914 年，"一战"在欧洲大陆打响，美国 1917 年才参战，基本已经是战争后期，欧洲各国已打得精疲力竭。"一战"期间，美国不仅通过出口军火及物资获得收益，更大的收益来自金融市场。"一战"结束后，美国成为战胜国的大债权国，英国、法国、意大利等国家合计欠了美国超过 100 亿美元。加上其他国家的欠款，美国"一战"后拥有的债权总金额达到了约 116 亿美元。按照战前黄金价格约在 20 美元 / 盎司换算，该笔债权约等于 5 800 万盎司黄金，即 1800 万吨黄金。而美国 2019 年公布的黄金储备也才 8 133.5 吨。若按照现在的金价计算，大约为现在的 10 000 亿美元。

当然，这些债务在偿还前都只是纸面数字。从金融角度来看，不是现金的收益都不能算高质量收益，而没有收回的债务更算不上。"一战"后的欧洲，无论战败国还是战胜国都饱受战争创伤，持续创造价值的能力以及偿还债务的能力大打折扣。如果不能重建欧洲经济，让其恢复造血功能，那美国手上的债权就是废纸一堆。因此，战后美国为了收回早期投入，持续加大对欧洲的投资。相比于投资一家企业来说，投资一片大陆的确定性要高得多。美国人也深知这一点，因此在战后持续为欧洲战场的胜负双方提供贷款进行重建。而随着欧洲经济的复苏，这笔投资最终也为美国带来了巨大收益。通过"一战"，美国不仅从军事上奠定了世界大国的地位，更是通过投资欧洲重建，从金融、经济层面上，一跃成为世界头号强国。

美股从快速的工业化，到"一战"带来的海外需求扩张，以及战后对欧洲的投资重建，经历了一轮大幅上涨。在这一时期，如图 2-1 所示，道指从 1896 年的 40.5 点升至 1928 年的 300 点，累计涨幅达到 642%。但事实上，由于这一时间跨度超过 30 年，道指从年化涨幅来看并不高，仅有 6.5%。可以说这一时期，美国经济经历了快速的崛起，但道指却处于缓慢成长阶段，与美国的经济表现并不匹配，也与后来道指的快速上涨形成反差。这背后的原因会在之后慢慢揭露。除了价格上涨之外，美股的规模也在进一步扩大，道指从最初的 12 只成分股扩增到 1928 年的 30 只，以更好地反映美股市场股票数量及市值的增加。

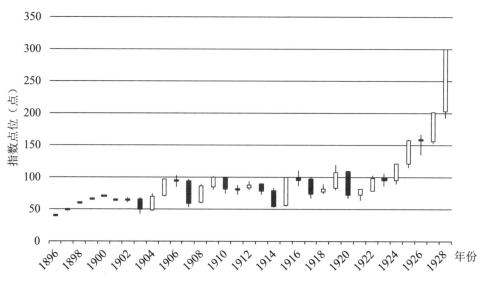

图 2-1　道指走势（1896—1928 年）

（数据来源：Wind）

第二节

"大萧条"

就像之前描述的一样，"一战"后，作为欧洲最大投资人的美国，享受着战后重建，以及第二次工业革命所带来的繁荣，似乎一切都会一直向好的方向发展。人们的信心"爆棚"，欲望也随之增长。这在实体经济中，反映为企业主认为市场的需求会持续增长，一直追加投资扩产，不惜借债提高杠杆。工人们则会发现工作不是问题，工资每年也在提高。如果对目前的工作不满意了，求职市场上随时都能提供新的、工资更高的工作机会。而收入增加之后工人又会增加消费支出，这又进一步增加了对企业生产的需求，进而刺激了企业追加投资去满足需求。这样的正反馈循环往复多次，人们就会发现，物质生产、物质需求快速增加，却不能有足够多的金钱来满足。

为什么会出现这种情况呢？这里就需要解释下当时所采用的主流货币制度——金本位制。前面提到，"一战"前，黄金价格约在 20 美元 / 盎司，而这一价格是在 1792 年，美国政府所公布的美元和黄金的固定兑换比例所规定的。在这之后，这一比例基本固定。但"一战"结束之后，欧洲各国出现了巨额的战争赔款，以及战后重建需求，都需要政府发行大量货币来支付，而金本位制却限制了政府随意发行货币的权力，这就使得欧洲各国政府放弃了金本位制，开始大量印刷纸币，造成了严重的通货膨胀（简称通胀）。战争期间的支付、战后赔款等使得黄金大量流入美国，美国拥有当时全球黄金储备的近 40%，这也使得美国成为在"一战"后仍然坚持金本位的国家之一，保证了美元对黄金的稳定，维持了美元的信用。战后美国又积极向各国发放贷款，这样，美元在西方各国的外汇储备地位增加，达到了美元的全球化布局。但在战后欧洲各国放弃金本位、大幅通胀的环境下，美国仍然保持金本位，对美国来说事实上也是一种被动紧缩的状态，也为日后的"大萧条"埋下了种子。

这种情况对美国的经济发展极为不利。一方面，实体层面的快速发展、产出及需求的增长，使得对资金的需求同样大幅增加；另一方面，金本位下资金层面的供给达不到实体需求，形成市面上资金短缺、美元供不应求的局面。由于通货紧缩（简称通缩）的存在，美元实际利率在 1929 年就达到了 6.7%，并且在 1931 年升至 9.7%。这种实体与金融之间的矛盾在达到极致后，就需要破茧重生，而"大萧条"就是这样一种"破"的方式，在 1931 年爆发。最终，欧洲的通胀也回流美国，美国不得不重新调整美元对黄金的兑换比例，一次性将美元贬值 40%，1 盎司黄金价值为 35 美元。但这也让美国进入了一个新时代：凯恩斯主义时代。

前文提到，"大萧条"前，道指已经上涨超过 600%，但那是用时超过 30 年时间，年化涨幅仅在 6.5%。放到今天的美股，这样的涨幅其实并不算突出，尤其是在当时美国经济高速发展的时期，美国股市的表现只能算是中规中矩。如果将时间范围缩短，只看战后 20 世纪 20 年代美股的涨幅，道指上涨超过 132%，年化涨幅提高到 8.8%。"一战"后的 20 世纪 20 年代是美国经济高速发展的 10 年，美国名义 GDP（国内生产总值）从 1921 年的 736.03 亿美元增长至 1929 年的 1 045.6 亿美元，涨幅 42.1%，年化涨幅约 4.5%。同期美国制造业生产指数从 67 点上涨至 119 点，涨幅 77.6%，年化涨幅约 7.4%。在这样的长期繁荣下，股市本来就应该有不错的表现。而实际上，道指年化 8.8% 的涨幅，确实配不上当时经济的繁荣程度。也就是股市并没有给当时的经济繁荣一个合理的溢价。不能产生溢价的股市，实际上也丧失了其部分存在的功能。如果对比 2008 年后的美国经济，GDP 增速已经下降至 1%～2% 的水平，几乎没有增长。但股市的涨幅却不输 20 世纪 20 年代。2008 年后道指的年化涨幅达到了 11.5%。如果仅以所谓的股市就是经济"晴雨表"这套理论来看，那美股这"晴雨表"的偏差就有点大。

为什么会出现这种经济急冲冲、股市慢悠悠的情况呢？归根到底，还是货币的问题。金本位下有限的美元供应，不光限制了实体经济的发展，还限制了金融股票市场的发展。具体来说，如果金融市场没有更多的货币供应，即使企业盈利增速达 100%，也贷不到足够的款，只能靠内生利润的再投资，这就限制了产能增加，限制了未来的增速上升空间。即使这时企业的 ROA（Return on Assets，资产收益率）很高，也不能通过杠杆转化为高 ROE（Return on Equity，净资产收益率）。在股市上来看，没有更多资金流入，即使盈利增速 100%，那市场也给不了 100 倍的 PE（Price to Earnings Ratio，市盈率）。股价也只能跟随着盈利的增长而上升，却不能充分反映未来几年，甚至几十年的盈利水平。从这个角度来说，1929 年的"大萧条"，虽然表面上看，是由于股市的崩盘所引发的，但由于货币层面的限制，当时股市所能产生的泡沫，远没有几十年之后美股的泡沫程度来得高。因此，"大萧条"更应该理解为一场由于实体层面紧缩而引发的危机，再传导至金融市场，引发股灾。股市在 1929 年的崩盘，可能只是经济已经出现问题而产生的现象，或者说是结果，最多可以被认为是加深危机的中间环节，但被认为是引发"大萧条"的原因，这显然是有失偏颇的。

关于"大萧条"的成因，已经有很多种理论来论述，主要有凯恩斯所认为的有效需求不足、政府支出不够的理论。另外一种观点，就是美联储抬高利率、抑制了投资的理论。这种观点谴责美联储为了抑制股票投机，提高了贷款利率，从而导致实际利率高企。在危机期间，名义利率虽然较低，但由于处在通缩的环境，实际上也等同于采取了紧缩的货币政策，导致了一场深度的衰退。在"大萧条"前，以及在"大萧条"期间，整体紧缩的货币环境确实存在，但这并不一定是美联储具体采用货币政策所导致的，而是美联储当时采用的货币制度——金本位制所造成的。这不是美联储的战术错误，而是战略上的失误。金本位制虽然稳定了美元的币值，巩固了美元储备货币的地位。但在经济高度繁荣，工业化导致商品生产速度大幅提高的时期，黄金的开采及流入速度有限，金本位又使得美元不可以任意增加，因此增加的价值却没有对应的货币增量来匹配，造成了事实上的货币紧缩。

一般的经济周期中，当经济处在扩张阶段，对商品的需求是增加的，然后再带动供给的增加。因此整体来说是处在小幅的供不应求状态，商品价格也存在上升的趋势，也就是我们通常看到的通胀。而增加供给就需要企业增加投资，扩大生产，这就产生了更多的工作岗位，工人工资也能提高。那拥有更多财富的个人又会增加消费，提高商品需求，周而复始，形成正向循环。因此，扩张的经济周期往往伴随着小幅、健康的通胀。但在20世纪20年代，我们所看到的扩张周期，却没有形成健康的通胀，取而代之的是多年的连续通缩，这就与当时GDP的增速不符。1922—1929年，美国GNP（人均国民生产总值）年均增长5%，GDP年均增长4.9%，但同期美国CPI（消费者物价指数）同比年均增长仅为 –0.54%，处在通缩状态，如图2-2所示。

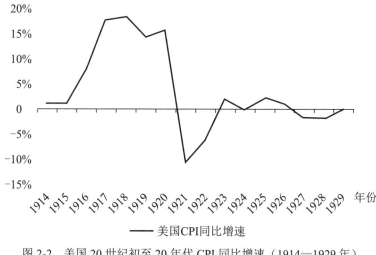

图2-2　美国20世纪初至20年代CPI同比增速（1914—1929年）

（数据来源：Wind）

"大萧条"期间美股表现

"大萧条"期间，美股几乎跌去了过去30年的涨幅。如图2-3所示，道指从 1928 年底的 300 点跌至 1932 年底的 59.9 点，跌幅达 80%，年化跌幅为 33.1%。这其中，实体层面的衰退影响到公司盈利是一方面。另一方面，股市如此快速下滑，主要是因为资金层面的问题，如实际利率高企导致资金链断裂，进一步引起资产负债表衰退，最终转变为极度悲观的信心问题。

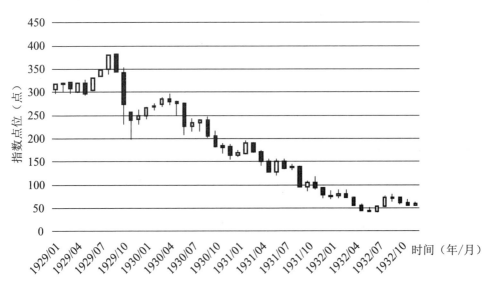

图 2-3　道指走势（1929—1932 年）

（数据来源：Wind）

之前提到，美股在"大萧条"前虽然有泡沫，但受限于货币供应机制，泡沫程度并不极端，但"大萧条"几年的快速上涨，确实已经引起了美联储的注意。为了抑制股票投机，美联储将贴现率提高至 6%，抑制投资者加杠杆入市的成本。短期利率的上升，瞬间就能打断增量资金入市的动力。而在没有增量资金的情况下，股市的涨幅就不能覆盖早期入市的投资者的借贷成本，利润大打折扣，导致部分投资者开始获利了结。减少的买盘，增加的卖盘，促使股市从涨幅减少转为下跌，这就进一步诱发了杠杆资金的平仓出局，形成加速踩踏下跌。仅仅 1929 年 10 月份，道琼斯工业指数就下跌了 24%。到了 1929 年 11 月中旬，道琼斯工业指数已经从 380 点的峰值下降了近 50%。

股市资金链的断裂，照理说，仅仅反映在股价下跌就可以了，为什么会演变成一场持续 4 年，包括实体经济以及金融市场的"大萧条"呢？这其中，就涉及资产负债表的衰退。在"大萧条"发生之前，美国居民的贷款就已经达到了较高水平。1920—1929 年，美国家庭部门的债务规模持续攀升，到 1928 年股市暴跌前夕，美国家庭的房贷及个人消费贷款占个人可支配收入的比重超过了 35%。这种高杠杆水平，在经济高速扩张时期，确实能带来个人收益的最大化。但一旦某项资产快速缩水，如股市崩盘，个人的资产负债表就会出现急剧恶化。由于资产负债表中的负债方具有刚性，很难快速下降，个人或企业的收入暂时不变，那只能通过减少支出来应对增加的债务比例。这就压缩了实体经济的总需求，进而使总供给相应减少。总供给减少，就使得工厂减产，工人工资出现下滑，甚至失业。工厂倒闭，导致个人及企业的收入减少，那资产负债表就进一步恶化，无力偿还贷款，出现坏账，形成恶性循环。在没有外力改变这种状态的情况下，美国的"大萧条"可能会持续更长时间。如日本 20 世纪 90 年代的大衰退，我们称之为日本"失去的十年"，就是在这种状态下持续恶性循环的结果。

所以说，美国 1929 年开始的"大萧条"，其实在之前十年的快速发展中就埋下了种子。股市的下跌，只是一种结果或现象，最多是中间连锁反应的一个环节，但背后真正的原因，永远都在实体层面产生。但不论"大萧条"成因如何，世界经济的面貌都因此发生了改变，而之后美股市场的走势也发生了质的变化。

"大萧条"对美国经济的打击是沉重的，人们总想做点什么来改变现状。之前的古典经济学认为，市场是一只"看不见的手"，能够自动地调节经济周期。但在"大萧条"时期，这只手不但看不见，甚至都感受不到它的作用。希望能够做出改变挽救经济的美国政府，开始采取一些积极的财政及货币政策来刺激经济。但在当时的经济指导理论之下，积极的财政及货币政策被认为并不能够带来经济的复苏。财政支出的扩张反而会占用大量银行信用供给，抬高市场利率，造成政府对私营部门的挤压作用。而积极的货币政策，又受限于金本位下美元的有限供给，不能任意给市场注入流动性。总而言之，这种政府参与的调节方式，不论以什么形式出现，都需要一样东西——钱。一方面没有足够的钱，另一方面又没有新的理论来指导实践，因此当时施政者并不能够展开手脚刺激复苏。时任美国总统的胡佛，也是古典理论的实践者之一。虽然他在任内也尝试了增加财政支出，在 1929—1933 年期间，美国财政支出的规模从 31 亿美元上涨到了 46 亿美元。但当财政出现赤字之后，胡佛受限于财政平衡的束缚，又开始提高税率来降低赤字。而事实上，由于金本位下有限的银行信贷，财政支出的规模也达到了当时理论体系的上限，但实际增加的金额却远远不够支持经济的复苏。货币政策上，当时美联储也尝试以政府债券为抵押品来投放货币，却没有得到金融系统的支持。一方面，对于战后欧洲通胀的恐惧，在当时仍然是社会主流思想，而正在进行中的通缩似乎不足为虑；另一方面，美联储尝试脱离黄金投放流动性，这就直接导致了黄金外流，实际上也抵消了美联储的放水。而在当时，企业及个人资产负债表衰退，实体的借贷意愿本身就不高。银行系统出于自身利益的考虑，也担忧实体违约风险，致使大量美联储投放的流动性停留在银行体系。因此，当时美联储的刺激政策不能说完全没用，只能说毫无效果。

第三节
罗斯福新政

罗斯福的上台以及凯恩斯主义的出现为美国经济的复苏找到了方向。一种经济学理论的流行，都是要符合当时的政治经济环境的，是能够为当时的领导人实施其政策主张服务的。

凯恩斯主义的内容，归纳起来，就是国家采用扩张性的经济政策，通过增加需求促进经济增长，即扩大政府开支，实行赤字财政，刺激经济，维持繁荣。虽然还没有一套明确的货币政策理论，但凯恩斯主义的核心，即政府介入刺激经济，恰好符合当时罗斯福所要采取的一系列措施。罗斯福于1933年3月就任美国总统，并开始实施著名的"罗斯福新政"。所谓新政，并不是一些纲领性的思想，而是由一系列具体的法律及措施综合而成的政策组合，同时也是在不断实践中通过摸索及改善而形成的，后人将其总结为3R，即Relief（纾困）、Recovery（复兴）、Reform（改革）。繁多的新政措施不仅是为了对抗经济萧条，同时也涉及打破旧规则，对现行制度进行改造。每一条政策都是以解决目前的困境而制订的实用主义计划。当然，它也破坏了一些既得利益群体的利益，所以颇受争议。在财政政策上，罗斯福政府打破了传统的平衡预算政策的框架，首度在和平时期大幅增加预算赤字，通过大量举债的方式兴办各种公用设施以及基建工程，对落后地区进行开发，促进经济复苏和增长，1934年政府的赤字率达到了6.8%。而要实施如此激进的财政政策，则必须要有更加宽松的货币政策作为支持。因此，在货币政策上，罗斯福上台后不久就宣布了金本位的终结。美联储将不再根据国库中的黄金储备来决定货币供给，而是根据美国的国内物价水平以及就业情况来决定货币供给。演变至今，也就逐渐形成了美联储货币政策的双目标制：就业以及通胀。

当然，学界对于罗斯福新政及凯恩斯主义之间的关系仍有争论。到底罗斯福是采用了凯恩斯的理论才有了新政的实践，还是凯恩斯通过罗斯福新政的实践才产生了完整的凯恩斯主义？但这就像先有鸡还是先有蛋一样，其实并不重要。重要的是之后的美国，彻底摆脱了"大萧条"的泥潭，既有鸡吃，又有蛋吃。1933—1937年，美国失业率从1933年的37.6%下降至1937年的21.5%；名义GDP从572亿美元增长至930亿美元，年均增长率达到13%，如图2-4所示。1938年经济有所回落，名义GDP同比下降6.0%，1939年又恢复到1937年水平。1938年和1939年，失业率回升至27.9%和25.2%。之后，随着"二战"的爆发，军工产业兴起，美国的失业率进一步下降至1929年的水平，达到充分就业。

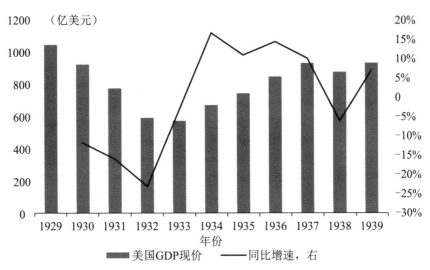

图2-4　美国20世纪30年代GDP同比增速（1929—1939年）

（数据来源：Wind）

罗斯福执政期间美股表现

美股从 1933 年开始，就结束了连续 4 年的下跌。之后，道琼斯工业指数在 1933—1936 年实现了 4 年连续上涨，累计涨幅达到 200%，年化涨幅达到 31.6%，如图 2-5 所示。而在 20 世纪 20 年代后期美国经济最火热、股市涨幅最快的 4 年中，即 1925—1928 年，道琼斯工业指数涨幅也仅为 149%，年化涨幅为 25.6%。在 1933—1936 年，美国经济也仅仅是刚刚走出泥潭，繁荣程度远没有达到 20 世纪 20 年代后期的水平，甚至失业率在 1936 年仍高过 20%，但股市的表现却已远超当年。这中间的变化，显然不单单是实体经济层面的因素所决定的。

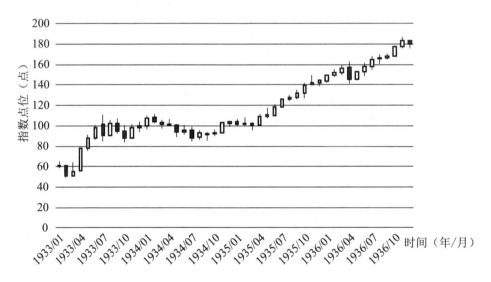

图 2-5　道指走势（1933—1936 年）

（数据来源：Wind）

罗斯巴德统计，1921 年 7 月至 1929 年 8 月，美国货币存量年平均增长 7.7%；弗里德曼统计的增速为 4.6%，都基本与 GDP 增速持平，显示了当时够用就行的货币政策主张。但当罗斯福执政期间，由于破除了金本位制，外加一次性贬值，美联储可以提供超过实际需求的货币供给来刺激经济。美国基础货币从 1934 年的不足 80 亿美元快速上升到 1935 年的 116 亿美元。1934—1937 年平均通胀回升至 2.6%。这是在经历多年通缩折磨后，美国第一次长期享受到通胀带来的财富增长。

充足的货币供应，不仅满足了罗斯福财政刺激对于资金的需求，也使私营部门能够更容易地获得资金。相对于20世纪20年代通缩下的繁荣，在一个通胀的环境中，企业不仅可以通过销售更多的产品来获得增长，还能够以提价的方式来获得额外的收益，这就使上市企业的盈利增速进一步提升。在估值不变的情况下，股市的涨幅也能随着盈利增速的提高而增加。但估值在更高的盈利增速下，是不会仅仅保持原来水平的，而是会随着增速的提高而出现估值扩张，这就又增加了股票价格的涨幅。当然，前提是资金层面有足够的流动性来支撑股价受益盈利增长及估值扩张的合理上涨。

1937年后，市场再次出现一轮下跌，华尔街的写字楼大半空置，交易冷清。这主要由于美国经济又一次陷入衰退，"罗斯福新政"似乎遇到了瓶颈。历史上将这个阶段时期称为"罗斯福萧条"。一直到了1938年"二战"前，美国的经济还是处于"罗斯福萧条"状态。仅仅通过大量的政府开支似乎只是增加政府的作用，但这样的努力仍没有增加私营部门的增长潜力，未能调动起私营部门的积极性，也未能明显提高劳动生产率。在欧洲仍在经历"一战"后的高失业率、高通胀、贫富差距加大，以及纳粹上台所带来的影响之下，美国也没有一个足够稳定的外部环境来支持其经济的可持续复苏。种种因素共同导致了1937年后美国再次出现衰退。而美股的表现也恰如其分地反映出了美国经济，或者说"罗斯福新政"的穷途末路。尤其是在欧洲仍然混乱的情况下，美国也难独善其身。道指在1937年大幅下跌了32.8%。美国1938—1939年又陷入了连续的通缩。

第四节
"二战"期间

"二战"期间，美联储为了保证军事开支的供应，采取钉住利率的货币政策，主要目标为长期保持战时低利率，一旦利率出现上升，美联储就通过公开市场操作释放流动性，促使利率下降。这种低利率的政策使美国在战争期间通胀大幅上升，但由于战争需求的增加，美国经济也在这一时期获得了快速的发展。照理说，这个阶段既有需求的大幅增长，也有货币的充足供应，应该能够延续 20 世纪 30 年代中期"罗斯福新政"初期的股价涨幅，甚至更高。但事实并未按照固定的剧本发展，或者说，并不会完全按照经济情况的好坏来发展。同样一场战争，不同阶段人们对于战争走向的预期决定了股市的行情。

在"二战"开始的头两年，即 1939—1940 年，美国还未参战，而这时美国经济似乎已经开始从欧洲战场受益。来自战场的订单似乎开始刺激美国经济的需求，出口也开始大幅增加。这时带动美国经济的，已不是大幅增加赤字的美国政府。然而很快，随着德军在欧洲战场的节节胜利，以及日本在亚洲的侵略，战争的走向开始变得扑朔迷离。而战争所带来的对于同盟国，甚至全球经济破坏的恐慌，逐渐超过了战争初期对于军事订单的兴奋。1939—1941 年，尽管美国经济表现不错，显然已经走出衰退，且道琼斯工业指数的盈利增速也有所反弹，但对于战争风险的厌恶在当时显然占据了主导地位，这一时期道指累计下滑 28.3%，年化跌幅为 10.5%，如图 2-6 所示。股价的下滑以及盈利的增长，使当时美股遍地都是便宜股票。1942 年时，美股中有超过 30% 的股票市盈率跌至 4 倍以下，远远低于"二战"开始前的估值。股票市盈率的中位数仅为 5 倍，只有约 10% 的股票市盈率超过 10 倍。纽交所中有超过 60% 的股票价

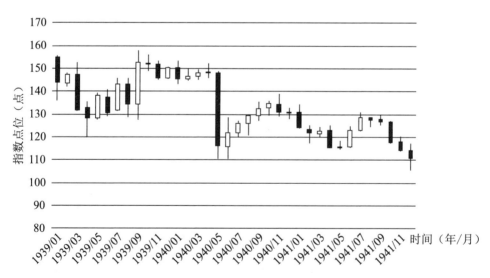

图 2-6　道指走势（1939—1941 年）

（数据来源：Wind）

格仅在 5 美元左右。

战争的情况在 1942 年发生了变化。日本于 1941 年 12 月 7 日偷袭珍珠港,对美国太平洋舰队进行毁灭性攻击。此后,美国对日本、德国和意大利宣战。美国以其强大的工业和经济实力投入战争准备,迅速生产出了数量惊人的军事装备。在不到 4 年时间里就产出 30 万架飞机、5 000 艘货船、6 万艘登陆艇以及 8.6 万辆坦克。美国的参战,不仅仅增加了美国对军费开支的需求,更重要的是,战争的走势随着美国的加入而逐渐向同盟国倾斜。而美股也在美军参战之后开始触底反弹。当然,股市也不是美军一参战就开始反弹。事实上,美军在参战初期,并没有能够立刻扭转局势,而是连吃败仗。股市自然也就继续反映悲观预期。直到 1942 年 6 月,美军在中途岛重创日本海军,在太平洋战场开始逐渐掌握主动权,美股才真正见底。虽然战争还在继续,但股市的预期已经被完全扭转。1942 年至 1945 年"二战"结束,道琼斯工业指数累计上涨 73.9%,年化涨幅 14.8%,如图 2-7 所示。涨幅虽然不及"罗斯福新政"初期(1933—1936 年),但在战争阴霾笼罩、市场整体风险偏好不高的情况下,能有如此涨幅实属不易。直到此时,战争收益给美国企业带来的实际利好才真正开始反映在股价上。所以,股市虽然说是需要从基本面出发,但并不一定是反映经济基本面的"晴雨表"。**相对于事实来说,预期更加重要**。再好的公司,只要大家认为不好,那也没有价值;反之亦然。而这时,谁对谁错也并不重要,

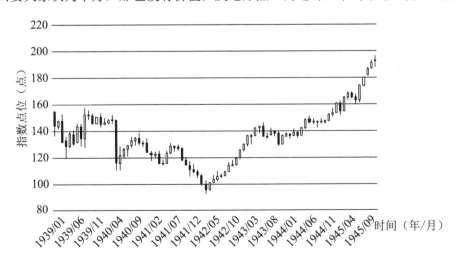

图 2-7 道琼斯工业指数走势(1939—1945 年)

(数据来源:Wind)

因为基于预期的判断随时都会转换。重要的是，不要一直站在市场的对立面。

第五节
"二战"结束后

一方面，"二战"虽然结束，但美国并没有真正脱离战争。其间，美联储继续保持低利率的政策，以支持战争的需求。但事实上，由于"二战"之后美国已经是战胜国，之后再参与或支持的战争，带来的并不是战胜之后的市场所预期的稳定，而是对经济的进一步消耗。这段时间的战争，导致美国没有能够立刻享受到战争结束之后的经济修复以及繁荣。另一方面，全面战争转为局部战争，导致战争对于美国外部的需求拉动是大幅下降的。战争的延长，也是以美国国内的持续高通胀为代价的。1947 年，美国通胀达到 14%。但美国实际的 GDP 在 1945—1947 年出现了连续的负增长。可见，从"二战"后到 1949年，美国经历了一轮滞胀。这段时间的美股，显然受到滞胀的负面影响，整体没有出现上涨。如图 2-8 所示，1946—1949 年，道琼斯工业指数累计涨幅仅为3.7%。战争需求的下降导致了美股盈利增速的下降。虽然美联储继续保持了低利率，但高通胀影响了股市的融资成本及折现率，使得估值也难以扩张。

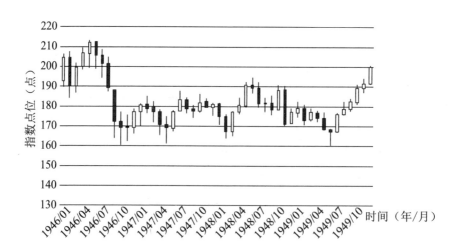

图 2-8　道指走势（1946—1949 年）

（数据来源：Wind）

直到 1950 年，美国才算是走出了滞胀。但这也使美国认识到，持续的低利率在战后并不适用。1951 年美联储和财政部达成协议，开始取消钉住低利率政策，同时，美联储正式脱离财政部，开始独立制定货币政策，而不受其他政府部门的制约。这时开始的货币政策才脱离战争工具的属性，真正回归经济周期，成为美国经济逆周期调节的主要方式。

从 1950 年开始，全球真正进入美元的时代。两次世界大战的主战场都是在欧洲，使欧洲几个老牌资本主义国家受到了严重的战争创伤，并且大量借债重建家园，而最大的债主就是美国。这也就使得美元成为世界货币。而美元的霸权地位，是美国在此后几十年持续统领全球经济最主要的原因。而以美元定价的美股，自然在其股票属性之外，又多了一层美元属性。这也是之后美股长牛的最根本原因。有人说，美国的上市企业很优秀，美国的股票市场制度先进。当然，这些都是重要的因素，但这些也能在别的发达市场找到相同或类似的特征。最重要的还是美元的霸主地位，才赋予了美股的独特性，才形成了美股几十年来独一无二的走势。

"马歇尔计划"

和"一战"一样，欧洲各国在战争结束后，无论胜败，不死带伤，基础设施、国家运行可能都存在问题，更不用说企业恢复生产，民众安居乐业。因此战后重建是必然要经历的过程。美国则借机通过签订双边援助协议等方式帮助欧洲重建。在"马歇尔计划"实施前，美国就已累计投入约 90 亿美元。1947年 7 月，"马歇尔计划"正式开始实施。按照计划的安排，在之后的 4 年中，西欧各国合计接受美国技术设备、金融支持等多方面的援助共 131.5 亿美元。而作为美国援助的条件之一，就是"马歇尔计划"的援助资金必须用于进口美国商品。这样一来，美国既提供了商品，通过出口欧洲带动需求增长，又提供了货币，使得美元的交换属性扩张到了全球。用现在比较流行的内循环来解释的话，就是"二战"后，美国将其内循环扩展到了全球。

通过对欧洲的援助，美国在"二战"期间大幅扩张的产能有了继续释放的空间。而不至于造成需求锐减。当然，重建需求在规模及生产速度上，远不及战争的消耗需求。因此，美国在战后的几年还是经历了衰退。此外，给予欧洲的借款，也使大量为支持战争而释放的美元有了出路，在一定程度上缓解了美国在战后经历的高通货膨胀。如果没有"马歇尔计划"，美国国内的通胀情况可能更糟。

第六节
布雷顿森林体系

"二战"后，美国大力推动成立联合国、国际货币基金组织、世界银行和关贸总协定等国际组织，试图从政治安全、全球金融和经贸领域主导国际秩序，引领世界。1944 年 7 月，在"二战"即将结束之际，美国、英国等 44 个国家代表齐聚美国新罕布什尔州的布雷顿森林，商讨战后全球经济金融治理架构。这次会议决定成立 IMF（国际货币基金组织）和国际复兴开发银行两大国际机构，建立以黄金为基础、美元为中心的国际货币体系，也被称为布雷顿森林体系。

《布雷顿森林协定》对于全球经济最主要的影响，在于它彻底奠定了美元的霸主地位。尽管在这之后又出现了欧元这个强大的竞争对手，老牌的英镑也依然坚挺，但始终未能撼动美元的地位。美元至今仍然是世界最主要的国际支付、储备货币之一，这大部分要归功于布雷顿森林体系的建立。通过建立美元和黄金的兑换价格，美元取代了黄金的地位，之后又把黄金剔除出国际货币体系，使各成员国再也不能回头，只能被绑在以美元为中心的国际金融体系中。

布雷顿森林体系与金本位的区别

之前我们讲过，美国走出 20 世纪 30 年代初的大萧条，主要功臣之一就是破除了金本位制，使美元可以无限宽松来支持经济的复苏。在布雷顿森林体系中，美元再次和黄金挂钩，但这并不意味着美国又回到了金本位时代。这其中的重点区别在于，除了美元和黄金挂钩之外，其他货币和美元挂钩。这意味着，实际上所有的货币进入了美元本位时代。平时的贸易结算，都以美元来进行。而所谓的美元和黄金的挂钩，只是一纸空文。只有当大量美元和黄金的交易发生时，才会生效。而在当时，由于美元的介入，黄金已经退出了主要交易媒介的行列。事实上，在布雷顿森林体系中，美国只同意外国政府在一定条件下用美元向美国兑换黄金。不允许外国居民用美元来兑换黄金，限制了黄金的交易，成就了美元的地位。

但事实上，美联储从罗斯福时代就放弃了美元的金本位，进入相机抉择的货币政策时代。也就是说，从此时开始，美国人可以用美元以固定的汇率购买世界各国的商品，而美国又可以无限地印刷美元。美元的购买力不会下降，下降的只是美元的信用，用信用来换取利益。而信用在短期，甚至长期内，都似乎可以无限使用。在这种巨大诱惑的驱使下，美元供应量的增加是必然的趋势。"二战"后开始的美苏争霸中，美元的国际货币地位也为美国带来了源源不断的购买力，冷战最终以苏联解体而告终。美苏的军备竞赛中，美国经济虽然逆差扩大，但仍能稳步运行，同时在竞赛中大幅提高了科技实力。而苏联由于缺乏长期的资金支持，其经济最终被拖垮。

从此时开始，美股的表现就不单单是经济好坏的体现，而变成了一种货币现象。之后的 20 年，美股的上涨与其说是经济增长的推动，不如说是美元增长的推动。甚至美股的这种货币现象，在美国经济停滞的时期，依然推动着美股的上涨。而美国的股市，从 1950 年开始，在美国经济稳步走强，尤其是美元霸主地位形成后，才算真正开始了长牛。虽然这之后几十年发生了各种危机和局部战争，但这一长牛趋势却从来没有停止过。

只要不发生挤兑，美元的好日子应该会一直持续下去。但是，信用总有用完的一天。大家手上的美元越来越多，自然就对美联储是否有足够的黄金储备产生怀疑。20 世纪 60 年代，伴随着美国陷入越南战争的泥潭，从贸易顺差转为逆差，全球美元相对黄金出现过剩。欧洲各国又相继复苏，持有大量美元。美元信任危机爆发，各国纷纷抛售美元向美国兑换黄金，导致美国黄金储备大量外流，美国政府拿黄金兑换美元的压力与日俱增。

在美元的信任危机逐渐加重的情况下，我们可以看到，美国的经济依然没有受到影响，继续延续了 50 年代以来的增速。美国经济在 50 年代平均增速约为 4.2%，在 60 年代平均增速约为 4.5%。但美股的涨幅却开始出现失速的情况。如图 2-9 所示，道琼斯工业指数在 50 年代的累计涨幅达到了 240%，年化涨幅为 13%；但到了 60 年代，道琼斯工业指数累计涨幅仅为 17.8%，年化涨幅降至 1.7%，尤其是到 60 年代后半程，美股几乎处在横盘波动状态。这与美元信任危机加重、各国纷纷抛售美元，以及美元资产有关。

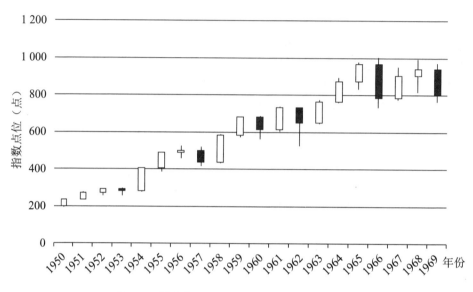

图 2-9　道琼斯工业指数走势（1950—1969 年）

（数据来源：Wind）

1971 年，美国政府被迫宣布美元与黄金脱钩。1973 年，主要国家货币与美元脱钩，转向浮动汇率制度，至此布雷顿森林体系正式解体。美元与黄金脱钩，只能说明美国承认对黄金贬值。这在各国纷纷找美国兑换黄金的时期，对美元来说事实上是受益的，仅仅损失了信用，并没有损失利益。这时的美国仍然能从布雷顿森林体系中获益。1971—1972 年，美股依然坚挺。但当 1973 年，各国纷纷走向浮动汇率后，美元实际上丧失了其在全球的购买力。之后又伴随着第一次石油危机的爆发，美国经济进入滞胀阶段。因此，1973—1974 年，美股出现两年的大跌。道琼斯工业指数跌幅达到了近 40%，年化跌幅约 22.3%，如图 2-10 所示。

布雷顿森林体系解体后，各成员国开始具体研究国际货币制度的改革问题。1976 年，IMF 理事会在牙买加首都金斯敦举行会议，讨论国际货币基金协定的条款。各国又经过多轮协商，最终形成了新的国际货币体系——牙买加货币体系。在该体系中，黄金被非货币化，排除出了国际货币体系，浮动汇率制度合法化，美元本位制度实际形成，越来越多的国家开始采用浮动汇率制度。事实上，牙买加货币体系只是将已经存在的现实进一步固定成为制度，强迫成员国遵守，从而使美元的霸权地位得到巩固。美元在支付结算、国际储备、金融交易等方面仍占主导地位。并且相较布雷顿森林体系时期，美元所需承担的全球金融稳定义务有所下降，同时又获得了向其他国家输出通胀的特权。

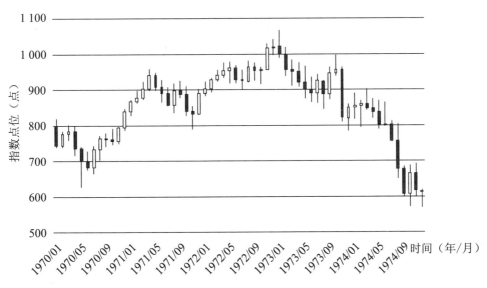

图 2-10　道指走势（1970—1974 年）

（数据来源：Wind）

第七节
石油危机

由于 1973 年 10 月第四次中东战争爆发，石油输出国组织（OPEC）为了打击对手以色列及支持以色列的国家，宣布石油禁运，暂停出口，造成油价大幅上涨，直接引发了第一次石油危机。禁运最初针对的国家是加拿大、日本、荷兰、英国和美国，后来又扩展到葡萄牙、罗德西亚（今津巴布韦）和南非。原油价格从 1973 年的每桶不到 3 美元上涨到超过 13 美元。此时恰逢布雷顿森林体系解体，实际上是将美元在体系内积累的通胀，一次性地释放出来。这其中，体量最大的一类商品就是石油。美元的大幅贬值，使石油也像其他货币那样，对美元进行重新定价，推升石油价格飙升。

仅仅时隔5年，第二次石油危机爆发。1979年至20世纪80年代初，伊朗爆发革命，造成原油价格从1979年的每桶15美元左右最高涨到1981年的39美元。石油价格的连续暴涨，也让美国连续经历了两轮衰退。两次石油危机，让美国经济深深地陷入滞胀的泥潭。虽然美国已经脱离布雷顿森林体系，美元连年贬值，但在凯恩斯主义时期货币政策的相机抉择之下，美联储还是大量发行货币，弥补财政赤字，导致通胀问题严重。经济的疲弱，通胀高企，美元地位的下降，使得之后的整个20世纪70年代，以及80年代初，美股波动加大，但回报几乎为零。1970—1979年，道琼斯工业指数累计涨幅仅为4.8%，年化涨幅仅0.5%，如图2-11所示。

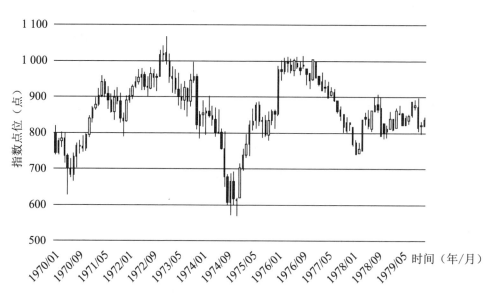

图2-11　道琼斯工业指数走势（1970—1979年）

（数据来源：Wind）

第八节
里根大循环

从表面来看，将美国拖入滞胀泥潭的，是连续两次石油危机带动油价大幅飙升。但这背后的原因，似乎也来自凯恩斯主义的需求管理走到了尽头：一味地刺激需求，仅仅增加了美国的财政赤字以及通胀。而较高的通胀，推动名义利率更高，事实上是抑制了公共实体的投资行为。而政府为了抑制高通胀而被动地加息，则进一步抑制了经济，导致衰退的发生。但彼时的高通胀并非单纯的需求推动，更多是一种货币现象。因此即使衰退，通胀也不会明显下降。如图 2-12 所示，1974 年以及 1979—1981 年，美股通胀均超过了 10%。叠加两次石油危机，美国已经陷入了高通胀的恶性循环，靠凯恩斯的模式永远走不出这个循环。

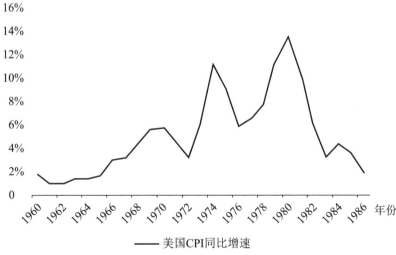

图 2-12　美国 20 世纪 60—80 年代 CPI 同比增速（1960—1986 年）

（数据来源：Wind）

事实上，从 20 世纪 60 年代后期开始，美国经济一直处于较高的通货膨胀之中。从 1967 年开始，直到 1985 年，美国的通胀就没有低于过 3%。在这期间的多位总统，包括尼克松、福特、卡特等，都曾把治理通货膨胀作为主要政策目标，实施了不同程度的紧缩性财政和货币政策，但最终都因经济受到明显负面影响而停止，只能任凭通胀保持在高位。这时候，美国需要一次外科手术式的变革，才能破除通胀病根。1981 年，里根上任，首要目标就是控制通胀。而这次控制通胀的区别，就在于里根并没有因为经济受到影响而罢手，仍是继续削减政府预算以减少社会福利开支，控制货币供给量以降低通货膨胀。这就造成了后来广为诟病的"里根大衰退"。当大衰退带来的需求锐减使通胀彻底跌回正常水平时，再恢复扩张性的财政及货币政策。这时造成的衰退深度，以及给人们造成的痛苦，显然是要超过常规的衰退周期的。但好在美国经济凭借其良好的基础，很快就恢复了元气，并踏上了正轨。里根之后的政策，从本质上来看，并未与之前的凯恩斯主义有根本的差别，但在实施细节上出现了一些区别。在货币政策上，里根在通胀下降之后，依旧采用了扩张的货币政策来刺激经济，甚至比之前几任有过之而无不及。如图 2-13 所示，M1 在里根第一个任期里比卡特时期增长了 34.2%，在第二个任期又比其第一个任期增长了 45.2%，均高于卡特时期 30.8% 的增速。

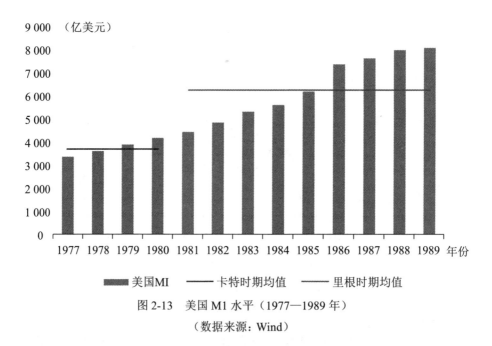

图 2-13　美国 M1 水平（1977—1989 年）

（数据来源：Wind）

里根时期的美联储，在实施宽松的货币政策时，也将通胀纳入了考核目

标。一旦通胀超过目标,就会提前主动加息,而且是渐近式的加息,给市场以
充分的预期,降低对经济的负面效果。当经济出现走弱趋势,通胀较低时,美
联储依然会毫不犹豫地降息。事实上,自里根时期开始,虽然美联储会有阶段
性的加息控通胀,但从 20 世纪 80 年代以来的长周期来看,美联储政策处在一
个长期的降息通道,直至 2008 年之后的零利率。里根事实上在更多时间里采
取了更为宽松的货币政策,也必然会造成通胀更快、更早的上升。但结果是通
胀没有大幅上升。这其中,除了美联储将通胀设为政策目标之外,还有一个更
重要的原因,就是美国在后布雷顿森林体系时代,向全球,尤其是向发展中国
家输出了通胀。

在布雷顿森林体系仍在运行的时期,即 1971 年之前,基本上所有的成员
国,以及许多其他非成员国,都实行资本账户管制,才能保证该体系的正常运
行。资本账户开放事实上是在布雷顿森林体系解体之后,才受到以美国为首
的发达国家和国际货币基金组织等国际机构的倡议。在凯恩斯时期,受限于
布雷顿森林体系的固定汇率制,增发的美元仍然需要在美国本土消化一部分。
从 20 世纪 80 年代,也就是里根时期开始,美国经济又进入了一个新的驱动时
代。美联储货币政策纳入了通胀目标,美元通过持续的贬值,以及资本账户开
放,向全球转移了美国国内通胀。而没有了固定汇率的限制,美国国内的货币
政策就可以更加宽松。美国通过美元的贬值来消化通胀,同时维持了国内较低
的名义利率。在持续走低的名义以及实际利率之下,美股在经历过 20 世纪 70
年代的盘整之后,也进入了一个新的时期,即低利率下的高回报时期。

众所周知,美国经济的高增长阶段主要是发生在 20 世纪 50—60 年代。而
从之后的 70 年代开始,美国作为全球第一大经济体,随着经济体量的扩大,
增速实际上已经下降了一个台阶。20 世纪 50—60 年代,美国 GDP 平均增速
能够达到 4% 以上;而进入 70 年代后,GDP 平均增速降至 3%。因此,美股来
自经济基本面的驱动力已经有所下降。但这时美国开始进入利率长期下降的通
道,却成为美股上涨的主要推动力。甚至,从这一阶段开始,美股涨幅能够超
越以往任何时期。如图 2-14 所示,道琼斯工业指数 20 世纪 80 年代的涨幅达
到 228%,年化涨幅为 12.6%;90 年代达到 318%,年化涨幅为 15.4%。但 20
世纪 80 年代美国 GDP 平均增速仅 3.1%,90 年代也仅仅只有 3.2%。

其中的道理,用通俗的话来解释,就是美国通过印钱,来购买全球的商品

及服务。而提供服务的国家，拿着到手的美元，除了一部分用于进口之外，多余的美元只能再购买美元资产。那就会导致美债、美股等美元资产的价格持续上涨。美债上涨，结果就是美债收益率持续走低。低收益率又促使一部分资金从债市切换至股市。资金不断流入推动美股上涨，自然就形成了美股长期的大牛市。而这大牛市，实际上并不是美国经济有多牛，而是一种美元效应在美股的体现而已。所以，从某种意义上讲，美股并不单纯是一类股票资产，其更重要的属性在于其属于美元资产。

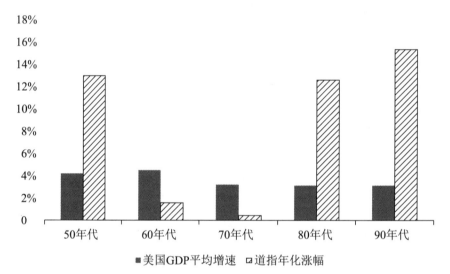

图 2-14　道琼斯工业指数涨幅与美股 GDP 增速对比（20 世纪 50—90 年代）

（数据来源：Wind）

　　持续走低的利率，另一个直接结果就是负债成本下降，这导致美国政府债务的持续上升。而这些债务，全部建立在美元信用的基础上，也就是永远都不会还。"二战"后到 20 世纪 70 年代，美国实际上是顺差国，也就是可以从海外赚到出口的钱，美元也是净流入的。同时，美联储虽然能够相机抉择地来调节货币供应，但在通胀还未纳入考核目标之前，从当时人们朴素的情感出发，多数时间也倾向于更加宽松的货币政策来刺激需求。因此美元流动性更多是积聚在美国，美国政府也无须通过增加债务的方式来刺激经济。同时，较高的通胀也推高了名义利率，使发债成了一笔不划算的生意。因此，在这个阶段，美国政府债务仍然较低。

　　进入 20 世纪 80 年代，布雷顿森林体系解体，汇率的束缚解除，但美元的霸主地位仍在。美元正式进入了信用时代。美国的顺差变成逆差，美元一再贬值，而持续下降的利率，也为美国政府大举负债的开始铺平道路。而这条道路一直延续到了今天。

除了货币政策，里根时期的财政政策也与凯恩斯时期有所区别。虽然说里根的供给学派强调供给侧改革，削减政府开支，但却实施减税，导致里根执政期间美国政府的赤字不减反增，实际上也是等同于扩张的财政政策。但与凯恩斯时期的扩张性财政政策相比，凯恩斯更加注重政府的直接支出，但政府的支出并不能调动全社会的需求，只能局限在部分行业。而减税针对的是全社会的私人部门，增加全社会的支出，并且通过对不同行业税率的调节达到供给侧改革的目的。

第九节
科网危机

如果说美股的长牛始于"二战"后，那 20 世纪八九十年代的美股可以说是疯牛跑在了高速路上，一直到遇到了一堵墙——2000 年科网危机，之后又遇到了第二堵墙——2008 年金融危机。严格来说，科网危机只能算是金融市场层面的危机，远没有如 1929 年"大萧条"那般连美国经济都被拖入泥潭。美国经济在科网危机期间，虽然增速下滑，却仍然保持扩张。美国 GDP 增速在 2001 年降至 1.0%，但在 2002 年就反弹至 1.7%，其后则持续回升。而造成科网危机的推手与以往基本相似——提高利率。

当然，2000 年左右的利率水平已经较低，而且当时的提高利率已经进入提前主动提高的阶段，而不是像在 20 世纪 30 年代通缩背景下利率畸高的情况。因此，为防止经济过热，这次的提高利率作为宏观政策的正常调整，实际上属于再平常不过的一个加息周期。而事实也表明，美国经济平稳度过了加息周期。加息也不是就一定意味着股市的下跌。股市的复杂性、随机性，使得股市并不可能和某一个指标存在简单、固定的对应关系。如果有人说他开创了一个指标可以准确预测股市，那必然是有某种猫腻。加息和股市的关系也是一样，存在着较大不确定性，需要结合具体的历史环境来做出分析。

从历史上的加息周期与美股关系来看，美股涨跌均有，整体以上涨居多。

由于大多数的加息阶段都是经济有过热倾向的阶段，美股公司的业绩也普遍存在较高的增长动力，能够在偏紧的流动性下，继续推动股价上行。而2000年的科网危机则是一个例外。当时的经济火热，使得大量未能盈利的科网公司争相IPO（Initial Public Offering，首次公开募股），但支撑股价上涨的，并非各家公司的盈利能力，而是刚刚经历过1997年亚洲金融风暴的威胁后较为宽松的流动性环境。而一旦加息收紧流动性，那支撑这些未盈利公司的唯一因素也将消失。没有盈利增长以及流动性的支持，最终导致了2000年科网危机的形成。当然，这场泡沫的破裂，对互联网行业来说也是一次"大清洗"。很多当时的互联网企业，甚至某些龙头企业，在泡沫破裂后都没能再恢复，最终消失或者没落。但仍然有一批商业模式合理的互联网企业最终发展出成熟的盈利模式，并逐渐成长为新的行业龙头。这其中，有些企业在泡沫时期就已经存在，并且逐渐发展出盈利能力，有些则是在快速的技术迭代中产生的新兴龙头。因此，泡沫破裂对整个互联网行业来说是一次洗牌，有利于行业回归理性发展。而互联网行业在之后就进入了黄金发展阶段，行业的盈利能力也飞速提高。而这之后的互联网行业，虽然也经历了数轮加息，但都能够在加息中全身而退，这其中，企业盈利能力的提高起到了至关重要的作用。从长期趋势来看，在新兴行业发展的大趋势下，包括2000年科网危机在内，加息与否已经变得不那么重要。2000年后的互联网行业，仍然获得了快速的发展。如果以纳指作为美股新兴行业的代表，那目前纳指的水平已远超2000年科网危机高峰时期。当然，这样的对比只适用于行业，或者指数层面，如果拿到公司层面，则发展的不确定性就会大幅放大。2000年多数的互联网企业，现在已经消失不见，甚至包含一些当年如日中天的龙头企业。选择对的行业容易，选择对的公司难。现在一些当红的新兴赛道龙头，也难保过几年仍然能够存活。有些时候，关于未来10年经济发展方向，以及行业发展趋势的论述，其实都是比较明确的。但如果不能够落实到可投资标的，都将变成正确的废话。投资当中真正的风险，有时并不在于方向的把握，而在于标的的选择。

时间的朋友

信奉长期价值投资的投资者，可能并不在意择时的重要性，会选择做时间的朋友，认为长期持有能够熨平股市的波动，最终带来可观回报。如果我们在2000年科网危机顶点的时候选择了买入互联网行业，那经过长期的等待，与时间做22年的朋友，最终确实可以分享行业发展的红利，但这个朋友太费青春。如果以纳斯达克指数作为美股新兴行业的代表，那目前纳斯达克指数的水平，虽已远超2000年时期，是当时最高点的3倍。但事实上，如图2-15所示，纳斯达克指数直到2015年才回到2000年高点的水平。这期间经历了15年持续亏损的时光。可以说，从经济及行业发展的角度来说，只要眼光够远，持有时间够长，做时间的朋友，就可以抹平波动。在任何时候买入，最终总是可以有所收获的。但是，这种逻辑的缺陷在于，你要做时间的朋友，时间却不要做你的朋友。个人的投资生命是有限的，和永续的股市相比实在是很短暂。两者所处的时间维度本就不同，也就难以成为朋友。有多少投资者能够持续亏损等待15年？假如你在2000年高点买入纳斯达克指数，看好互联网未来的发展，且早已预料到21世纪互联网的腾飞，然后决定坚定持有，坚决不卖，那未来这15年的亏损持有是多么漫长，并且这还只是一次投资决策所造成的后果。如果下一次的投资又是一个15年的解套等待？又或者，这一开始的判断就是错误的呢？如果互联网并没有真正发展起来，就被其他新兴行业所取代，那这样的长期持有可能永远也不能解套。所以，有时候眼光太长远、太坚定也

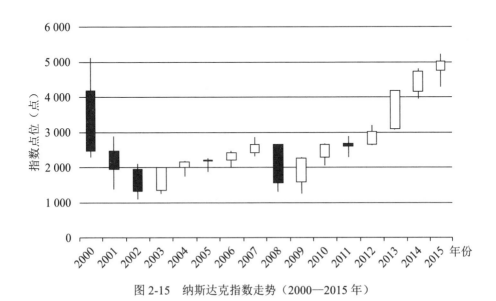

图 2-15　纳斯达克指数走势（2000—2015 年）

（数据来源：Wind）

不一定是什么好事。所谓长期价值投资，只有回过头看的时候，才能确定是长期价值投资。而在这个过程中，则需要边走边看，一直审视自己的判断是否仍然正确，绝对不是买定离手的一锤子买卖，这样才能在有限的时间内获得最大的回报。

孕育中的次贷危机

一方面，2000 年的科网危机，让美股连跌 3 年。以科技行业为代表的纳斯达克指数跌幅达到 67.2%，标普 500 指数跌幅在 40.1%；以传统行业为主的纳斯达克指数跌幅最小，为 27.4%。而在这期间，美联储已早早地开始了又一轮宽松政策。1999 年 6 月开始的加息，在 2001 年初就已经结束。随着通胀预期的回落，美联储又迫不及待地进入了降息通道。而这一次的降息，将目标利率从 6.5% 一路降到了 1%。其幅度远远超过了加息的幅度，时间持续到 2004 年。但宽松环境下的增量资金似乎仍然对科网危机心有余悸，并没有立刻回流美股的科技股。另一方面，自 20 世纪 90 年代开始，随着经济高速发展而上涨的美国房屋价格，似乎并未受到股市的影响，并且在新一轮降息周期中，受到资金的青睐，导致房屋价格继续逐年上涨，住房市场泡沫就此形成。房价的持续上涨，使得更多资金希望进入房地产市场。面对上涨的需求，银行也积极开发新的金融工具来引入更多的贷款者，致使次贷借款者迅速增加，助长了房屋价格泡沫的膨胀。在 2000 年之前，房地产市场中几乎没有次贷借款，但自 2000 年以后，次级贷款规模开始呈几何增长。

如果没有各类的抵押贷款证券化等金融工具创新，抵押贷款本身的风险控制及借贷门槛不会允许如此众多的次级贷款者获得贷款。但为了能让更多民众参与到看起来房价能够持续上涨的房地产投资浪潮中，私人商业和投资银行开发了各种将次级贷款风险转移的证券化产品。如将次级贷款重新组合到债务抵押债券（Collateralized Debt Obligations，CDO），然后再将未来的现金流按风险等级分层，出售给具有不同风险承受能力的投资者。这些金融创新使次级贷款在表面上看起来与传统的标准型贷款无异，促进了自 2000 年开始的次级贷款繁荣。在次级贷款证券化过程中，风险并没有消失，只是被分配到了不同类型的产品中。整个房地产的风险反而随着次贷规模的增加而大幅上升。金融中介机构通过引入机构投资者，来支持次级贷款证券化产品的发行，使得许多从前没有资格获得抵押贷款的家庭也能够获得贷款。这些新增的房地产贷款者推动住房需求的增长，并助推住房价格的泡沫化。而这时的美联储正处在科网危机后的一轮宽松货币政策周期，而监管机构对于金融产品创新的监管存在先天不足，共同构成了次级贷款规模大幅增长的土壤。利用这些新的金融创新工具，金融机构越来越多的杠杆资金得以涌入房地产市场。

第十节
新一轮牛市

如果说科网危机后，美股开始了新一轮牛市，倒不如说，正在酝酿一场危机。美国经济在 2000 年后过了高速发展时期，进入低速增长阶段。从 2004 年到 2007 年期间的这场牛市，其涨幅远远没有美股 20 世纪八九十年代的涨幅来得惊人。如图 2-16 所示，美股三大指数的年化涨幅均不到 8%，道琼斯工业指数的涨幅反而略高于标普 500 指数以及纳斯达克指数。代表传统行业的道琼斯工业指数早在 2006 年时就已经超过 1999 年时的高点，而代表新兴行业的纳斯

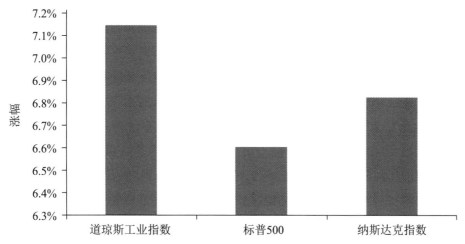

图 2-16　美股三大指数 2004—2007 年化涨幅对比

（数据来源：Wind）

达克指数仅反弹至高点的 60%。可见，2004—2007 年期间的股市上涨主要是以旧经济带动的。这其中，发展最快的要属金融行业。在金融创新层出不穷，而监管则相对落后的环境下，金融衍生品呈现爆发式增长，但这也为之后的危机埋下了隐患。

毫无疑问，泡沫已经形成，现在只需要一场加息就能够刺破泡沫，尤其是在监管不到位的次贷领域，政策制定者甚至都尚未发觉房地产市场泡沫的程度。美联储在 2004 年中再次转向加息时，相信只是看到了经济过热的风险，以及开始逐渐抬头的通胀。这轮加息周期从 2004 年持续到了 2007 年 9 月，目标利率从 1% 升至 5.25%，这放在后凯恩斯时代的大降息周期来看，无论从持续时间还是加息幅度来看都比较大。最终这轮加息也刺破泡沫，造成了金融危机。

第十一节
次贷金融危机

2008 年金融危机的载体是房地产行业的次级贷款，其并非实体经济层面的危机，也并非股票市场层面的危机。虽然危机对两者都产生了严重负面影响，但这场危机主要还是由金融系统层面引发的，其危害最主要是破坏了金融系统的功能，影响了银行系统货币投放的能力。再叠加美国经济实质上已经进入低速增长阶段，危机后资金能够真正进入实体经济的量非常有限。因此，危机发生后即使美联储立即实施了零利率以及量化宽松，但美国还是经历了多年的通缩，通胀水平迟迟达不到美联储目标。

2008 年之后，由于美国经济，包括全球经济复苏缓慢，通胀迟迟达不到美联储的目标。而由于欧洲金融系统和美国有千丝万缕的联系，欧债危机也在 2011 年爆发，之后也随时处在再次爆发的边缘。美联储及世界主要发达经济体央行，在危机爆发后，均采取了超常规的量化宽松政策。美联储在危机爆发后，一共实行了 3 轮量化宽松政策。但长期的低利率以及基础货币的大幅增长，却没有换来经济增速以及通胀的强劲复苏。

关于 2008 年经济危机的研究有很多，目前关于危机之后持续低通胀的原因，总结来看包括以下几点：第一，科技进步。科技，尤其是信息技术的发展，使得人们的生产生活成本进一步降低。第二，产能过剩。2008 年之后，随着工业化国家的生产效率持续提高，发达国家以及部分发展中国家从短缺经济进入了过剩经济时期，多余的购买力也并没有进入日常消费品领域。第三，人口老龄化。西方社会尤其是欧洲、日本等非移民国家迅速进入老龄化阶段，导致消费能力不足。产能过剩、需求不足的综合作用之下，大宗商品价格下跌。一系列因素共同导致了全球持续性的通胀疲弱。但这些因素都是逐渐产生的。如科技进步、老龄化等，其实都不是一个危机之后突然出现的变量，而是危机之前就一直存在的一种趋势，因此拿来解释危机之后的持续低增长、低通胀也不太贴切。

央行为应对危机采取的非常规货币政策，大幅提高了基础货币供应。我们可以看出，2008 年 9 月至 2014 年 12 月期间，美联储资产负债表规模大幅扩展 387%，美国基础货币总量从不到 8 000 亿美元大幅增长至 4 万亿美元。而 2020 年新冠疫情的爆发，使得美国又故技重施，变本加厉使用非常规货币政策。2020 年初至 2022 年 4 月，短短 2 年多时间，美联储资产负债表又翻了一倍以上，美国基础货币总量进一步增长至 6 万亿美元，如图 2-17 所示。虽然说，增加基础货币并不一定增加整个社会的广义货币，尤其在金融危机爆发后，银行系统货币创造的功能受到严重损害，导致基础货币较难转换成全社会的广义货币。如图 2-18 所示，截至 2022 年 2 月，美国广义货币供应量仅较 2008 年 9 月增长 178%。这个增幅远远低于同期基础货币增长幅度，显示出美联储投放的基础货币很大程度上变成了银行体系的超额存款准备金，并未转化为社会流通的广义货币。这个现象特别值得我们注意。所以从长期来看，金融危机后，虽然央行大幅放水，但明显超过了全社会对于资金的需求。因此，大量的流动性仍然在金融体系内部。央行在 2008 年后面对危机的货币政策指导原则，可以总结为：宁滥勿缺。经济可以因为任何原因进入衰退，但决不能是缺钱造成的。因为在信用货币体系下，钱可以说是最不值钱的资源，因此央行在使用的时候，也绝不吝惜。

那大量的基础货币投放，已经远远超过经济在目前产出水平下所需的量，自然也就难以进入实体经济。在市场经济主导的环境下，全球已经进入产能过剩的状态，那也就不会再被实体经济过多地吸收。当然，如果是政府主导的投资或者支出，为了进一步刺激经济增长，那有可能增加总需求。例如 2008 年后，我国为了对冲海外的风险，政府主导了一轮以基建为主的投资，确实也引

起了一轮通胀，尤其在我国内生增长动力仍较强的阶段，通胀的效应更加明
显。但之后，随着我国产能过剩的情况日益突出，通胀也就自然下降了。

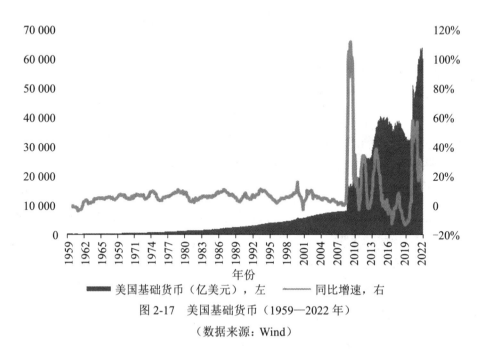

图 2-17　美国基础货币（1959—2022 年）

（数据来源：Wind）

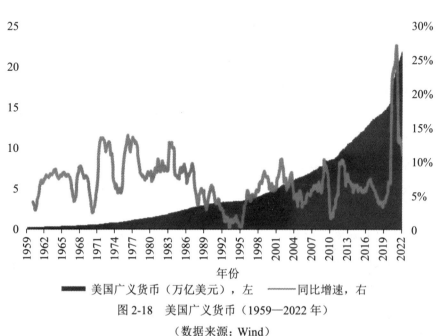

图 2-18　美国广义货币（1959—2022 年）

（数据来源：Wind）

第十二节
金融资产的大通胀

在产能过剩情况下，过量的流动性，难以造成实体经济需求增加，从而带动产出，形成良性通胀，但由于基础货币已经被大量投放，并停留在金融体系内部，导致了一种在 2008 年之前并不明显的现象——**金融资产的大通胀**。

从发达国家的情况来看，在通常的情况下，通胀可以理解为一种货币现象。一个经济体的产出水平基本不变，在所能生产的商品及服务总量固定的情况下，如果货币总量增加，那么商品及服务的价格也会增加，形成通货膨胀。但是在产能过剩、需求相对不足的情况下，对个人来说，现有的消费篮子已足够满足其需求，拥有更多的货币也不会使其增加现有篮子的消费需求。对企业来说，现有的生产能力已经能够满足消费者的需求，如果需求没有增加，企业即使利润产生积累，贷款成本也很低，也不会增加投资。

就如同一个人一天吃 3 个面包就足够了，即便有足够的钱，也不会一天吃 6 个面包。那面包生产商一天也就生产 3 个面包。那么整个社会有足够的吃穿用度的商品和服务，个人和企业手中即使有更多的钱，也难以被充分利用，也就会被存放在银行，或者用于金融投资，造成金融资产的大通胀。当然，如果这个人有了 3 个小孩，社会的人口就能够继续增长，那对面包的需求也会增加，企业也会增加生产，更多的钱也就能够产生通胀。另外，如果这个企业发明了一种新的食品，如巧克力，它更加美味，那就产生了新的需求，也能够产生通胀。这就是前面所说的人口因素以及科技因素对于通胀的带动作用。但这两个因素却是慢变量，一个人不可能突然有 3 个小孩，企业也不可能一夜之间发明巧克力。人口的变化趋势可能需要一两代人去改变，科技的进步也是积跬步才能至千里，均难以一蹴而就。因此，这两个因素可以归结为金融危机后持续低通胀的长期背景原因。直接原因，可能还是危机导致的资产负债表的修复，在需求不足的情况下，变成了一个缓慢的过程。在泡沫破裂后，即使美联储将利率调降至零，也难以刺激企业的借贷需求，而更多的是将赚取的利润来修复因金融危机而严重受损的资产负债表。这时候的货币政策，在资产负债表修复完成之前，就很难起到刺激借贷需求的作用。这也就直接导致了美国在危机后迟迟不能推升通胀至目标水平。

2008 年后美联储的三轮 QE（量化宽松政策），在拯救美国经济的同时，也让美股的历史进程再一次发生了改变。前几次让美股的特征发生重大改变的，都和美元的属性改变有着直接联系，例如，20 世纪 30 年代脱离金本位，"二战"后的布雷顿森林体系建立，以及 70 年代布雷顿森林体系解体等。在这个过程中，美股和美国经济的走势相关性变得越来越弱。那么 2008 年金融危机也一样。危机后，低增速导致美国经济随时都在再次衰退的边缘徘徊，实际上从未真正走出 2008 年危机的阴影。

美国经济缓慢地复苏，美联储三轮量化宽松政策，以及持续的零利率，导致了金融资产大通胀，再次开启了美股历史上涨幅最快的阶段。2008 年后美国经济长期维持在低增速，美股涨幅却堪比经济高增速时期。如图 2-19 所示，2009—2021 年期间，道指涨幅累计达 309%，年化涨幅达 11.5%。标普 500 指数累计涨幅 428%，年化涨幅 14.3%。而在科网危机中遭受重创的纳斯达克指数，在金融危机后上涨了 892%，年化涨幅达到 19.6%。在此期间，仅 2011 年及 2018 年纳斯达克指数呈现小幅下跌。如果仅将下行波动定义为风险，那么自 2009 年起，纳斯达克指数的风险收益可能是所有资产类别中最高的。

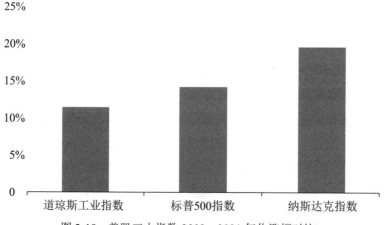

图 2-19　美股三大指数 2009—2021 年化涨幅对比
（数据来源：Wind）

也就是说，美国经济虽然已经几乎没有增长（1%～2%），但美股，尤其是纳斯达克指数，却变成越来越优质的资产，收益越来越高，风险越来越低。这肯定不是一种正常的风险资产应该有的现象。正常的风险资产，风险与受益成正比，收益越高，风险越高。但美股显然不是。如果以 2008 年以来的这轮长牛来看，与其他主要的股市相比，收益更高，风险却更低。这显然不符合现代金融理论关于风险和收益成正比的结论，也不符合普通生活常识。一种解释是，过去十多年的持续上涨，可能只是更长时间维度中波动的一部分，过去的是上行部分，未来也会有类似幅度的下行部分。当然，维度太高，就已经超过了现实意义，没有考虑的必要。就像牛顿三大定律，虽然在光速或者接近光速时不成立，但在我们平时的日常生活中就足够用了，没必要考虑光速情况下。因此，我们还需要找到在目前可投资的时间维度下，或者说过去十余年的时间维度下，造成美股低波动持续上涨的原因。

2020 年，新冠疫情全球爆发，美股经过短暂快速下跌后，迎来了又一轮快速的上涨，并且很快就再创新高。截至 2021 年底，美股三大指数道琼斯工业指数、标普 500 指数以及纳斯达克指数已较疫情前高点分别上涨 27%、48%、74%，较疫情后低点更是分别高出了 100%、117%、136%。因此，整体来说，疫情并没有令美股下跌，而是延续了 2008 年以来的上涨趋势，并且涨势更快。疫情后的上涨，在本质上，与 2008 年后的上涨并没有区别。但 2020 年的理论界似乎更加清晰地整理出了一套理论，来解释 2008 年后的这种经济现象，这就是现代货币理论。这里，我们暂且不论这套理论背后的政治诉求及合理性，主要还是着眼于其中的政策主张对美股带来的影响，以及是否能够在其中找到美股上涨的合理解释。

第十三节
现代货币理论

其实，现代货币理论（Modern Monetary Theory，MMT）并不现代，甚至还有点返祖，只是说它比较贴合近年来美国实际上在采用的政策，因此再次被人提及。MMT 最基本的一个主张，就是财政赤字货币化。政府通过发行国债增加财政开支，央行再直接购买国债，增加货币供应。这与传统的财政开支必须量入为出、控制赤字率的观点相反，因此该理论遭到主流经济学的抵触，包括美联储主席鲍威尔也明确反对 MMT。但 2008 年以来的美国经济政策的实践，包括三轮 QE，以及疫情以来快速地推出无限 QE，虽说定义上不尽相同，但本质上并没有太大区别。区别可能仅仅在于程度上，以及是否明目张胆、大张旗鼓地进行财政赤字货币化，还是把流程搞得更复杂些，或者每次推进一点点，再停下来争论一下是否还要继续，显示出在道德层面持否定态度，但最终还是会继续进行，实则殊途同归。如果把美国面对危机实施的政策，例如没有直接购买国债，或者没有引起通胀等一些条件加上，就可以否认财政赤字货币化，那确实可以利用一下经济学作为社会科学的优势，通过一些新的概念或者模棱两可的说法，将同一件事情包上褒义或者贬义的外衣，实际上都是 MMT 的变相实践，无非是以五十步笑百步罢了。而美国的政策实施者们却秉承了其一贯的作风，嘴上喊着不要，事实上却一直在做，似乎这样可以延长通过政府信用创造出来的货币的寿命。但事实上谁都知道，这些政府债务是永远不会偿还的。

虽然说，MMT 从道德层面是一种倒退，妥妥的出卖信用换取利益。但不可否认，从 2008 应对危机的效果，以及 2020 年应对新冠疫情危机的效果来看，MMT 还是有一定价值的。最主要的是，对于财政纪律的缺失，以及财政赤字货币化所带来的最大危害：恶性通胀，似乎在 2008 年之后已经消失不见。而通缩是 2021 年以前美联储更担心的问题。但 2021 年通胀形成的主要原因仍然是疫情期间经济结构性复苏带来的供需失衡，属于常规经济周期以外的一次性的因素，也可以说在性质上是暂时性的。但现实疫情的持续反复导致供应端迟迟不能恢复正常，又伴随着 2022 年初俄乌冲突的爆发，使得通胀持续时间超过暂时性的范围，那么继续使用暂时性显然并不合适。但并不代表通胀从性质上变成了长期性，只是持续时间过长，由供给受限导致的高通胀在经济完全开放之后就会结束。但随着新冠疫苗接种率提高，人们的免疫系统也开始逐渐适应新的病毒，也会随着病毒的变异而共同进化。今后防疫可能会向着常态化、流感化发展。全球经济活动重新回归正常，供需缺口加速自行弥补，从而通胀也回归正常。但疫情结束，经济完全开放后，全球经济还是低增长、低通胀的环境。MMT 的多年变相实践，并未造成传统经济学一直恐慌的通胀，经济也只能说是弱势复苏，而这样的长期低通胀似乎更适合用流动性陷阱来解释。过量的流动性没有造成实体经济里的通胀。由于大家更愿意持有成本几乎为零的现金，或者一些流动性接近现金的资产，而不愿意做一些长期投资，以及增加消费。这种情况，一般在危机刚刚爆发之后的资产负债表修复阶段容易出现。另外，可能就是在产能过剩、需求不足的阶段，也就是2008年以来较长的弱增长阶段，造成大量现金在金融资产内流转。

可以说，美国从20世纪初开始，逐渐成为世界霸主。美股从一开始，还是美国经济的"晴雨表"，美股的增长主要来自经济的增长。但到后期，尤其是"二战"结束之后，美股开始成为美国霸主地位的载体，享受着美元成为世界货币带来的溢价。而2008年之后，即使美国经济几乎已经停止增长了，美股却反而更加疯狂地享受着超常规货币政策带来的金融资产大通胀。

美股的长牛，可以说，即合理又不合理。不合理在于，实际上美股是一个已经脱离了基本面的市场。现在的美股，更多的是基于美国的霸主地位以及美元的信用，基于当下以美国为中心的全球秩序在可见的将来得以延续。合理的地方在于，虽然美国的地位已经明显不及当年，美元的信用在一次次的危机中逐渐走弱，但目前还确实没有一个经济体，或者一个联盟能够取代美国的地位。所以美股区别于其他市场的独特性仍在，也就能够获得其他市场得不到的长期牛市。

第十四节
美国目前所处阶段及股市特点

2021年全球刚刚经历了新冠疫情的肆虐，美国经济也经历了由2020年的衰退到2021年的复苏。但由于本次的新冠病毒并未很快消失，而经历的多轮流行变异株反复扩散，导致全球供应链迟迟不能完全复苏。而美国及其他发达市场作为全球的需求大国，在更高的疫苗普及率、更广泛的病毒暴露之下，较快实现了放开管制，也就成了需求端较快的复苏。而供给端却因疫情反复，迟迟不能得到解决，导致了通胀持续高位，大宗商品价格涨持续高企。

通胀的持续高位，就使得美联储不得不加紧收回2020年对抗衰退所实施的非常规货币政策。从 2021 年开始，美联储收紧货币政策对抗通胀的预期变化可以说是影响了全年的市场节奏。首先，从 2021 年 11 月美联储宣布开始 Taper（指对过去过于宽松的货币政策，采用一种温和渐进的方式，收紧货币政策）之后，市场一直担忧缩减 QE 会对美股带来负面影响。但事实上收紧流动性与美股表现之间并不存在稳固的负相关性。从上次美联储 Taper 期间的经验来看，也就是 2014 年，市场整体也是上涨，但由于实际的流动性出现边际收紧，美股没有出现大行情。标普 500 指数涨幅在 7.9%，其中估值小幅扩张了 1.5%，盈利预期上调了 6.1%。QE 缩减在中长期来看，与股市没有明显的负相关性。美股上涨的趋势并没有因为 QE 的结束而结束，反而是在之后的数年中持续上行。本次缩减 QE 的预期已在之前较长一段时间得到充分反映。在正式实施的前两个月，美股仍然保持上行，并未受到流动性收紧的影响。但 2022 年俄乌冲突的爆发，却使市场风险情绪显著下降，美股也转入调整。

俄乌冲突显著推升了能源价格，导致之前因疫情封锁导致的供应链问题所推升的通胀再次进一步恶化。美国 2022 年 3 月 CPI 同比涨幅升至了 8.5%，创 1981 年 12 月以来最高纪录。也正是如此高的因供应问题所导致的通胀，使得美联储又不得不因为高通胀而实施高于美国经济所需的加息速度，导致美国经济陷入衰退的风险大幅增加。正是在这样的滞胀环境中，在 2022 年 3 月美联储正式开始加息时，美股仍然处在调整之中。但这样的调整，并非是单纯由于加息导致的，而是多种因素共同作用之下的结果。当然，美联储政策的灵活性在于，在政策实施之中，所有的预期引导以及实施步骤都会随着实际情况的变化而调整。如果未来美国经济表现不及预期，通胀出现见顶回落，美联储仍有足够时间转向宽松预期。这也就是为什么利率点阵图不仅不能代表最终的政策决定，其对实际加息路径的指引意义亦十分有限，仅能代表当下的结论。而美股的调整，也并不一定会伴随整个加息阶段。

当然，从 2022 年初美国经济情况来看，仍然比较乐观。这也给了美联储货币政策优先解决通胀问题的底气。就业方面，美国经济在实现就业最大化方面已经取得积极进展。各种指标显示劳动力市场已经较强。经济的乐观预期为更快的加息提供了基本保障，这也是美联储在当时预计加息次数上升的根本原因。在经济复苏得到保障的前提下，美联储才会着手考虑目前看起来似乎已经变为"长期"的通胀风险。当然，对于供给侧问题所造成的通胀，美联储所能采取的措施亦十分有限，也无法准确预测通胀何时会回落。但即使如此，美联储仍然需要做点什么，至少从需求端来尝试缓解一下通胀压力。

我们再来看看市场比较关心的美债收益率和美股的关系。在加息阶段，市场往往担忧美债收益率的上升对美股带来负面影响。其实美债和股票一样，美债也只是一种金融产品而已，之所以被用来决定股票的价格，主要还是人们在给股票定价时，用到的各种金融模型，其中有一项叫作折现率，或者无风险利率，这就会参考国债收益率，用其作为财务模型里的分母。那如果分母变大，对应的股票价格定价就会下跌，或者说理论上的价格就会下降。其实，这其中也没有必然的联系。美债也是人们交易出来的产物，也有很多时候会被错误定价，每天都在产生波动。股票分析师也不可能每天看着美债调整估值模型。很多时候，短期收益率的上升导致股市下跌，就像2021年的3、4月份，由于部分资金借题发挥，借着这个众所周知的无风险利率上升逻辑，来一波股债双杀。但实际上，股债之间的波动没有必然的联系。美股在俄乌冲突爆发之前，仍然继续保持上行。

真正需要担心美债收益率的时候，是美债收益率的提高变成长期性质，这其中的核心是通胀。美债作为固定收益产品，其本质是持有到期获得利息回报，那基本的要求就是要保证能够跑赢通胀。当然，美债也是可以交易的，而且很多投资者就不是奔着利息回报来的，而是为了获得资本回报，这就和股市一个道理。虽然美债价格波动要小很多，但获利方式是一样的。所以这就给了短期通胀一定的话语权及影响力。2021年3月份开始的美债收益率上升就是在通胀开始抬头的背景下出现的。在这之后的通胀一直高企，甚至更高，但收益率还出现回落。另外，如果说在通胀上升之前，收益率没有通胀高，真实利率为负，可以解释为是因为疫情，经济衰退，有通缩预期。但当看到通胀已经开始上升，并且进入了高通胀阶段，照理从2021年3月份开始的收益率就应该上升至高于通胀，将真实利率带入正区间。但截至2021年底也没有出现，反而是真实利率变得更"负"了。因此这一时期美股仍然是处在上行趋势，并未因所谓的收益率走高而下跌，如图2-20所示。只有当俄乌战争爆发之后，由于战争对能源价格的推升，美国通胀达到40年以来的高位，美国的真实利率才开始出现明显的上行，这时的美股才真正开始出现调整。所以，在真实利率仍然为负的阶段，美债收益率的上行并不能代表长期通胀的到来。

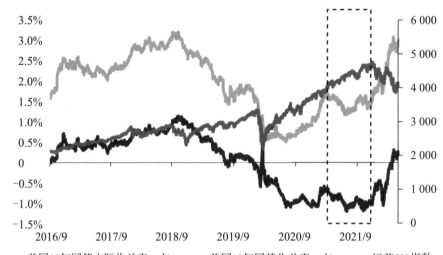

图 2-20　标普 500 指数与美国国债收益率（2016—2022 年）

（数据来源：Wind）

通胀持续上升不足为惧，长期来看仍然是低通胀的大背景。美联储已经放弃了不合时宜的通胀暂时性表述。但通胀形成的原因仍然是属于常规经济周期以外，一次性的因素。从性质上来说，通胀仍然是暂时性的，但现实疫情的持续反复以及俄乌冲突导致供应端迟迟不能恢复正常，使得通胀持续时间已经超过暂时性的范围。继续使用暂时性显然并不合适，但并不代表通胀从性质上变成了长期性，只是持续时间过长。无论是疫情还是战争，最终都会结束。对于供给侧问题所造成的通胀，美联储所能采取的措施亦十分有限，也无法准确预测通胀何时会回落。但不管原因如何，现实情况是通胀持续高位，迫使美联储开始转向鹰派。

2022 年通胀持续高位，大宗商品价格大幅上涨，这主要还是全球供应链受限带来的短期供需失衡导致的，在外部因素缓解、全球供应链恢复之后就会结束。随着疫情的退去、冲突的结束，全球经济活动终将重新回归常态，供需缺口加速自行弥补，从而通胀也能够回落。但长期来看，需求不足、产能过剩的问题仍然存在，或将经济重新带回低通胀的状态，而利率长期下降的趋势也难以改变。美股长期仍将受益于流动性带来的宽松环境。

第三章

中国股市历史回顾

第一节
股市建立之初

中国股市的发展，与美国股市有着完全不一样的发展路径。中国股票市场的建立，是伴随着中国经济体制改革产生的。股市建立之初的 1990 年，中国正处在价格改革期间。在计划经济向市场经济转型的过程中，开放价格成为必须要经过的一道门槛。在计划经济时代形成供需失衡、被低价格限制了市场化生产力的背景下，全面开放价格必然导致严重的通货膨胀。我国的证券交易所就是在这样的大通胀背景下设立的。同一时间开放的，还有我国的商品房市场。也就是说，在这个阶段，我国不仅仅进行了商品的价格开放，如果把金融产品及房地产也当成商品，这类市场也都可以作为价格开放的一部分。

1978 年，我国开始了改革开放。当时我国的工业化基础整体依然薄弱，在快速工业化及经济快速增长的过程中，消费和投资需求出现快速增加，但这也容易形成较高的通货膨胀。而在向市场经济转型的过程中，就必须首先解决一直被管控的价格。1988 年，我国为了解决价格双轨制所带来的一系列问题，决定开始价格闯关，这就使得在当时本来就已较高的内生通胀压力下，改革所带来的通胀进一步增加，最终形成了较高的恶性通胀。在中国改革开放的进程中，早期缺资本一直是一个比较严重的问题。改革开放后大规模的增加投资，使得对资本的需求逐渐提高。但在资本短缺的年代，要发展经济，就需要资金。因此，我国在 20 世纪 80 年代开始的一轮经济过热中大量增发货币，而直接增发货币也势必增加通胀压力。1988—1989 年，我国爆发了一轮通胀危机。之后，一系列治理恶性通胀的措施，如提高利率、紧缩信贷、抑制投资等，引发了企业连锁债务危机，使得经济增速大幅回落。1990 年，我国正处在通胀危机刚刚过去之后的疲弱之中，正是这时，我国的证券市场开始建立。

但即使经历危机，我国加快货币化改革以及放开资本市场的进程仍然没有停止。在此期间，我国虽然刚刚经历了 1988 年高通胀危机，外部环境也正在经历苏联解体以及西方集团的敌视，但一系列改革的内生动力使我国仍然保持了经济较高速增长。在 20 世纪 90 年代初，与股票市场同时开放的，还有期货市场及房地产市场。这些资本市场的建立，有效地帮助了中国走出当时的困境，也大量吸纳了资金，有力地推动了中国 GDP 的增长。1992 年，在"发展才是硬道理"的思想指导下，全国各地投资规模扩大。十四大确定了以市场经济新体制作为改革目标，一时间，全国性的投资热潮涌现，形成了一轮全国范围的地产热、开发热、项目热等各类热潮，伴随着我国金融市场的进一步发展，推动我国经济驶入"快车道"。我国经济市场化的一系列改革，使股市建立初期经历了火热的状态。如图 3-1 所示，上证指数在 1990—1993 年间累计上涨了 768%，年化涨幅达到 71.6%。

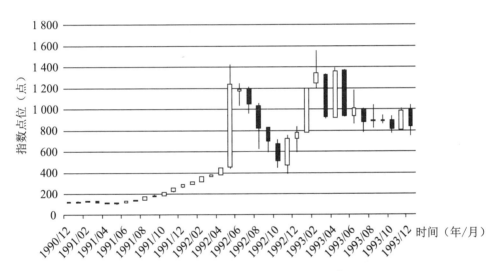

图 3-1　上证指数走势（1990—1993 年）

（数据来源：Wind）

但早期的固定资产投资，主要来自产业资本在市场化改革之下的粗放型扩张，尤其是当政企分开的政策推动之下，大批政府资本开始创办企业。这种数量型的投资虽然能够在短时间内获得规模上的快速增长，但也埋下了隐患。全国"大干快上"，快速发展下的投资过热在推动中国经济冲向新一轮高峰的同时，也形成了经济过热态势。当时，人们形象地将这段经济过热总结为"四热"（房地产热、开发区热、集资热、股票热）、"四高"（高投资增长、高贸易逆差、高货币投放、高物价上涨）。经济过热的结果就导致社会性的资金短缺，于是竞相提高利率的民间集资活动和金融活动此起彼伏，但储蓄增长幅度却减缓了。即使央行大量增加货币供应，如图 3-2 所示，1993 年货币投放同比增速高达 34%，信用更是大幅扩张，许多地区仍然发生支付困难。当时经济过热导致的短缺具体表现为"四紧"（交运紧张、能源紧张、原料紧张、资金紧张）和"两乱"（金融秩序混乱、市场秩序混乱）。

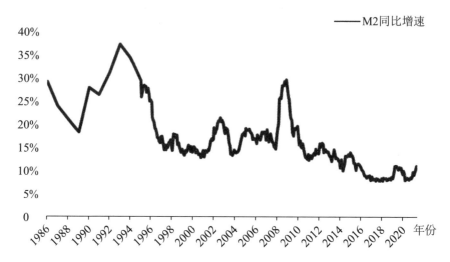

图 3-2　中国 M2 同比增速（1986—2021 年）

（数据来源：Wind）

　　1992 年以后发生的"四热""四高""四紧""两乱"的地方经济乱象，也伴随着我国第一批由计划到市场的资本集团完成资本原始积累的过程。经济过热以及过度投资使得地方经济得到高速发展，但所带来的财政赤字及货币供应大幅增加导致的高通胀则需要中央买单。虽然我国在 1988 年出台了沿海经济发展战略，初步形成了外向型经济发展的方向。但由于我国长期以来的资本短缺，过去几轮引进外资之后，我国的财政状况已经不堪重负。20 世纪 80 年代开始，中央大规模放权让利给地方。而进入 90 年代之后，地方在"发展才是硬道理"的带动下，也积极吸引外资，使我国对外负债水平在 1993 年达到峰值。而常年扩大的外汇逆差，使得我国的外汇储备已无力支付外债以及外汇逆差。中国政府的债务问题使得表面看起来火热的经济危机四伏，且不可持续。中央和地方在权利和义务不对等的发展中导致债务过量积累。1993 年，虽然我国的经济增速继续保持较高增长，但债务危机却存在随时爆发的可能。而由于经济过热导致的高通胀以及金融乱象，使得中央加强宏观调控帮助经济降温的需求越来越迫切。1993 年，国务院发文要求严格控制货币发行，并推出强力宏观调控措施来稳定金融形势。此轮宏观调控的重点实施目标之一是对金融市场乱象的整改，使得我国刚刚建立并且建立之初就经历了连续三年大涨的股票市场同步降温。如图 3-3 所示，1993—1995 年，上证指数和深证成指分别下跌 33.4%，深证成指亦下跌 55.6%。

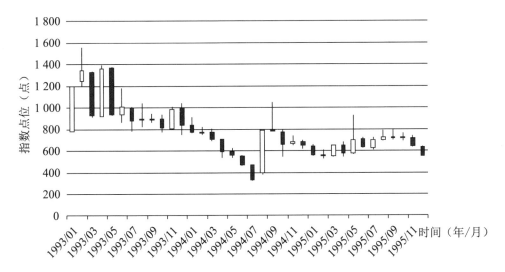

图 3-3　上证指数走势（1993—1995 年）

（数据来源：Wind）

第二节

外向型经济道路

　　宏观经济降温并不代表减速，只是在充分体现我国改革开放内生动力的同时，发现并解决一些潜在的容易造成危机的问题。而当时我国因为缺少资本来支持高速发展，而不得不举借外债，使得我国外汇储备连年下降。和很多发展中国家一样，高债务到发展后期，有可能演变成限制继续发展的主要因素之一。伴随着改革初期的高财政支出以及积极引入外资所带来的高赤字、高负

债、高外汇逆差等问题，也引发了 20 世纪 80 年代末中国开始外向型经济的
转型。邓小平 1992 年后再次确认改革方向，进一步决定开放沿海城市，走出
口创汇的发展道路。我国在 1994 年进行了人民币市场化并轨，打通了我国外
向型经济的主要通道，从而开始了我国之后数十年经济持续高速发展的道路。
1994 年，人民币进行了市场化并轨的大幅贬值，使人民币兑美元一次性贬值
超过 50%，使得我国企业突然之间增加了一个极大的成本优势。1994 年当年，
我国就从多年的逆差转为顺差，并且在其后几年持续扩大，出口增速大幅提
高。我国在真正开始"两头在外、大进大出"的外向型战略后，形成通过出口
创汇来对冲外债风险的方针，使得我国找到一条阶段性的可持续发展道路，进
而引发我国 90 年代中后期开始的融入全球化大循环及其所带来的经济持续高
速发展时期。

政府介入应对金融风暴

虽然 1994 年之后，我国经济增速相对过热时期有所下滑，但避免了持续
经济过热所带来的风险。同时，从绝对增速来看，整个 20 世纪 90 年代中后期
中国经济保持了较高增速。在合理的经济高增速下，A 股市场在短暂调整之后，
也迎来了其自建立以来的第二轮牛市。如图 3-4 所示，1996—2000 年，上证指
数累计上涨 273%，年化涨幅达到 30.1%；深证成指累计上涨 381%，年化涨幅
达到 36.9%。而在此期间，亚洲市场还发生了 1997 年的金融风暴。但我国此
时施行了数年的出口创汇发展方针，因此外汇储备实力已大为增强，在亚洲金
融风暴期间较好抵御了国际炒家的攻击。我国在施行对外开放政策时，也并未
完全放开资本账户以及金融市场。因此，国际金融资本在我国的可操作空间非
常有限。也正因如此，1997 年亚洲金融风暴并未对我国经济以及金融市场造成
明显影响。A 股的牛市并未被打破，仅在 1998 年小幅下跌 3.97%。虽然我国
周边国家地区都不同程度遭受了金融风暴的打击，对我国外需造成一定负面影
响。但我国通过实施积极财政政策，在金融风暴爆发当年就比较成功地应对了
出口需求下滑对经济增长的不利影响。在 1998—2000 年的相对疲弱时期，国
民经济仍然维持了"七上八下"的增长速度。而且通过积极的财政政策加大政
府投资，还极大改善了我国基础设施建设长期投资不足的制约局面。1998 年，

我国建成了第一条高速公路——沪嘉高速公路。到 2003 年，我国高速公路通车里程已经位居世界第二，仅次于美国。

图 3-4 上证指数走势（1996—2000 年）

（数据来源：Wind）

政府快速介入，通过增加财政支出，加大基础设施建设投资，大量发行国债等举措，一方面对冲了 1997 年外部的冲击，同时也使我国在承接发达国家产业转移的竞争中，除了价格优势之外，更增加了效率优势。在 21 世纪初发达国家需求仍然保持增长的环境中，中国制造的竞争优势使中国商品进一步抢占全球市场份额。这可以说是外向型经济转型后，我国第一次通过政府救市平稳度过输入型危机。虽然宏观的 GDP 指标并未明显减速，但我国经济的构成却发生了一轮小波折。金融风暴导致外需不振，出口断崖式下滑，总需求骤减导致我国快速从通货膨胀转向通货紧缩，并且一直持续到 2003 年。虽然我国通过增加政府投资，带动内需扩张，从总量上抵消了这次外部冲击所带来的影响，但通缩产生并且在危机之后数年持续，或意味着我国改革开放 20 年间的快速工业化，已经将我国从短缺经济带入了过剩经济的时代。由于是政府介入带动的需求扩张来应对危机，这往往需要通过国有资本来具体执行。一方面，由于大量的政府以及国有资本主导项目的主要目的为扩大总需求应对危机，并不会过多考虑项目本身的收益情况，容易造成粗放型投资，形成更大的产能过剩。好在外需在金融风暴后即刻恢复，持续带动中国经济的增长，同时也消耗了已经出现过剩的产能。

相反，我国香港市场由于实行完全金融开放，资金进出都没有限制，在亚洲金融风暴时期也成为国际炒家的做空目标。当时，在我国强大的外汇储备后盾之下，港股、港元以及香港经济均有惊无险地度过了这轮风暴。香港的联系汇率制度也在这轮风暴中经受住了考验。香港金融管理局又于 2005 年推出三项优化联系汇率制运作的措施：①推出在 1 美元兑 7.75 港元汇率水平的强方兑换保证，当港元转强至该水平时，金管局向持牌银行卖出港元；②将弱方兑换保证移动至 1 美元兑 7.85 港元，使强弱双向的兑换保证能对称地以 1 美元兑换 7.80 港元为中心点运作；③金融管理局可在兑换范围内进行符合货币发行局原则的市场操作，确保联系汇率制度畅顺运作。无论是买入或卖出美元，最终都会影响货币基础，提升或降低利率水平，最终实现稳定汇率的目的，联系汇率制度得到进一步巩固。

外向型的经济可以说是适合当时中国实际情况的发展道路。"走出去"战略使我国更快地融入全球经济，积极参与国际化在当时也更有利于我国参与国际事务，提高国际地位。2001 年我国成功加入 WTO，也意味着我国全球化的发展更上一个台阶。当然，融入全球经济的同时也意味着风险共担，这也为之后的全球经济危机对我国造成巨大影响埋下了伏笔。全球化的发展道路也造成了我国内需被挤压的事实。长期以来，我国经济形成了"出口＋投资"的双轮驱动模式，而消费则一直比较疲弱。

第三节
新世纪股改

2000 年以后，我国经济继续保持高速的发展，但股市却向着另一个方向，一直到 2005 年才见底回升。这一阶段，我国股权分置改革的多次尝试对 A 股市场的走势起到了至关重要的作用。当时，拥有大量国有资本的 A 股市场也亟须解决股权分置的问题，才能进一步深化改革，真正发挥股市的作用。但股权分置改革牵涉多方利益，难以一步到位。股改虽然是在 2006 年基本完成的，但其实在 1998 年就已被提上日程，并且经过 2 次尝试均告失败。也许在 20 世纪 90 年代，随着中国经济市场化以及资本市场从无到有的阶段，能够享受到一轮改革红利。但若延续股权分置的模式，股市就不能够真正起到优化资源配置的作用。但股权分置改革又必须解决非流通股转为流通股这个必然的过程，势必增加股票的供应。如果没有相应需求的增加，则必然造成股票价格的下跌。2001 年 6 月 6 日，国务院印发《减持国有股筹集社会保障资金管理暂行办法》，国有股减持正式启动。在流通股大量增加的预期驱使下，股市开始一路下跌。无奈之下，证监会宣布暂停国有股减持。一经宣布，A 股全线涨停，可见股改对市场的影响之大。但股改没有完成一天，这就像一把达摩克利斯之剑一样一直悬在 A 股市场上空，而股权分置的弊端也在一天天地积累。大量的非流通股股东难以分享企业股价上涨所带来的资本回报，自然也就不能激发其做大做强企业的积极性，企业盈利难以有效增长。企业发展缓慢，股价自然也就难以上涨，流通股股东也不能从股市获得资本回报。恶性循环之下，股市长期将逐渐失去活力，丧失功能。2004 年 2 月 2 日，国务院重启了国有股减持，明确提出要积极稳妥解决股权分置问题，并提出需要在尊重市场规律的基础上解决这一问题，切实保护投资者尤其是公众投资者的合法权益。当解决股权分置问题已具备启动试点的初步条件后，2005 年 4 月 12 日，证监会再次在 A 股市场大规模展开国有股减持。直到 2006 年末，股改总市值占比达到了 97.85%，历时多年的股改才算基本完成。2001—2005 年，由于股改的反复尝试，A 股市场走势整体疲弱。上证指数累计下跌 44.0%，年化跌幅 11.0%。深证成指累计下跌 39.7%，年化跌幅 9.6%。可以说，2001—2005 年的熊市，更多的是制度性的熊市，其实与中国经济存在脱钩现象。而一旦制度性问题得到解决，股市也会快速回到基本面上来。随着股改的完成，新一轮牛市也正式开启。2006—2007 年，上证指数及深证成指分别上涨 353.2% 及 518.1%，如图 3-5 所示。这一阶段的牛市，除了反映股改的结束，更一次性反映 2000 年以来我国在外向型经济带动下，尤其在加入 WTO 后所带来的经济高速增长。2003—2007 年，我国经济连续保持两位数的增长。但对于当时中国已经全球排名第三的经济体量来说，犹如一头奔跑的大象，经济过热的迹象已经出现。我国在经历多年的温和通胀后，2007 年 CPI 已经跃升至 4.8%。

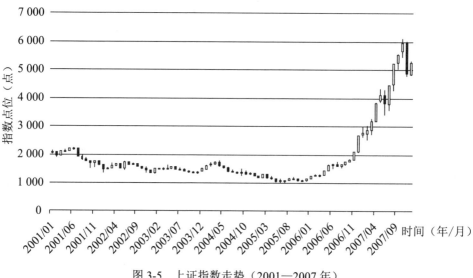

图 3-5　上证指数走势（2001—2007 年）

（数据来源：Wind）

第四节
2008 金融危机

　　自 1997 年开始的大规模基础设施建设投资，使得中国较其他发展中国家有更为完善的基础设施。随着以美国为首的全球宏观经济复苏，以及发达国家主导的全球产业重新布局，中国自 2001 年加入 WTO 后，吸引的外商直接投资大幅增加，推动了新世纪开始后新一轮的高速增长。这一轮增长主要是由外需和投资拉动的，而内需在劳动力过剩、工资报酬长期停滞、购买力不足的情况下，长期发展严重落后。国内产品过剩，制造业更多面向海外，造成贸易顺差扩大。外需在国民经济增长中的贡献越来越大，导致中国国民经济对外依存度在 2006 年达到 66%（进出口额 /GDP），处于过高水平。这是一种经济结构失衡的发展模式，抵御外部风险的能力较低。2008 年美国次贷危机爆发。由于我国对外依存度过高，次贷危机同样对中国经济造成了严重的影响。A 股也出现了有史以来的最大幅度下跌。2008 年，上证综指及深证成指分别下跌了65.4% 及 63.4%。

2008 年危机和 1997 年相比，由于对外依存度已经发生了质的变化，并且危机的源头主要来自欧美发达市场，是我国最主要的外需所在地，因此出口的受损程度更加严重。2008 年时，我国的内需已经长期被投资和外需挤压，国内购买力处在较低水平，难以像 1997 年时快速对冲外需下降，唯一能够迅速提高的就是投资规模。中国在危机爆发后迅速地采取了积极的财政以及货币政策，成功对冲了金融危机的冲击。2008 年中央出台文件，提出在 2010 年底前新增投资 4 万亿元，中央安排 1.18 万亿元。2008 年及 2009 年，我国 GDP 增速仍然维持在 9% 以上，并未像欧美一样进入衰退。同时，我国庞大的经济体量能够保持稳定增长，也帮助了在危机中心的其他国家的复苏。可以说，中国应对危机的政策起到了举足轻重的作用。当然，这些政策的副作用也很明显。我国在过去 10 年间的投资水平已经较高，产能过剩、需求不足的问题已经浮现，而经过 2008 年以扩大投资为主的救市政策后，经济结构失衡的问题变得更加严重。

2009 年，伴随着财政及货币政策的大力支持，A 股也出现了一轮大幅反弹。上证指数及深证成指分别上涨了 80.0% 及 111.2%。由于此轮危机源自美国，美股和 A 股的波动具有同源性。从 2009 年的反弹幅度来看，A 股大幅跑赢了美股。因此无论从经济层面，还是股市层面，中国的反弹看似都好于美国的情况。但事实上，我国多年外向型经济的发展，使得中美经济以及金融之间的联系已经非常紧密。当时全球化的背景下，中国也难以走出独立行情。积极的救市政策，使得我国在原有的依靠投资和出口带动经济的老路上又继续前行了一段，产能过剩的情况则进一步加剧。事实上，2008 年的金融危机延后了中国经济结构改革的窗口。中国 GDP 增速在 2010 年再次反弹至 10% 以上，之后便开始了经济增速持续下滑的阶段。而 A 股在 2009 年的大幅反弹，看似高于美股，实则是由于市场不成熟所带来的高波动，以及提前透支了未来数年的经济增长。由于前期刺激效果的衰退，以及随之而来的副作用，高通胀的反噬，A 股在短暂反弹之后经历了持续的下跌。2010—2013 年，上证指数及深证成指累计跌幅分别达到 35.4% 及 40.7%，如图 3-6 所示。由于 2010 年后，经济增速已经明显进入下降通道，因此，政府 2012 年又推出了新一轮刺激，包括两次降准，两次降息，再次推动基建及房地产投资。因此，2012 年，A 股出现了一轮政策驱动的反弹。但在宏观经济增速明显进入下降通道的大背景下，并且刺激力度也明显减弱，2012 年的上证指数及深证成指仅分别小幅反弹 3.2%及 2.2%，并未改变 A 股持续下跌的大趋势。而在 2012 年的宽松之后，2013年两次"钱荒"，又进入了紧缩的环境，使得货币政策利率和长端利率大幅上行。房地产"国五条"（《国务院办公厅关于继续做好房地产市场调控工伤的通知》）的出台也基本遏制了房地产的过度上涨。

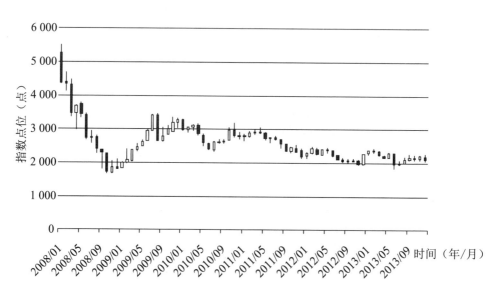

图 3-6　上证指数走势（2008—2013 年）

（数据来源：Wind）

经过 2008 年的金融危机，被过度压制的消费并未能够起到稳增长的作用，而只能再次通过政府介入的加大财政支出的方式，增加包括房地产在内的各类投资来稳增长。外向型经济在面对外部冲击时的风险暴露无遗。其实 2008 年之前，扩大内需、促进经济再平衡的转变方向已经提上日程。虽然说为了应对危机，对于经济再平衡的实施有所延后，但问题一旦发现，方针一旦确立，实施有可能因各种不确定因素而迟到，却不会缺席。平稳度过危机后，中国开始明确扩大内需的发展方向，经济再平衡的方针得以继续展开。事实上，在这之后，如图 3-7 所示，消费占 GDP 的比重从 2010 年的 49.3%升至 2019 年的55.8%。如果没有 2020 年的新冠疫情，相信内需占比提升的路径能够延续。而同一时期，投资占比从 47%下降至 43.1%。更为重要的是，在 2018 年中美贸易争端后，出口也遭遇明显下滑，占 GDP 比重仅为 0.8%。2020 年新冠疫情使得出口占比小幅回升至 2.6%，但较 2007 年高峰时期的 9% 已经相去甚远。

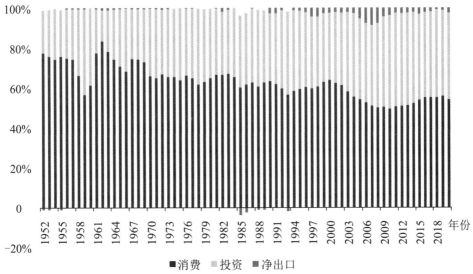

图 3-7　中国 GDP"三驾马车"占比（1952—2020 年）

（数据来源：Wind）

第五节
新常态

伴随着危机逐渐过去，中国经济增长出现减速，旧的发展模式走到了尽头。而中国接下去进入了以经济结构转型、产业升级为主要目标的新常态时期。我国进入新常态以来的特征主要表现在：各项改革集中推进、房地产市场加强调控、地方政府债务问题浮出水面、影子银行带来金融系统性风险上升。而宏观政策变得更加审慎，保持基本稳定。货币政策调控进一步市场化，完善传导机制。财政政策以保障和改善民生为重点，提高财政资金使用效率。我国经济需求端也出现明显调整。产能过剩导致资本形成贡献率回落，消费贡献率基本稳定，总储蓄与总消费发生结构性变化，消费和投资的结构开始趋向合理。国民经济中总消费率开始逐渐赶超总储蓄率，中国消费驱动经济增长的持续能力开始显现。

在新常态下，调结构与稳增长之间需要保持微妙的平衡。2013 年的"钱荒"以及美国退出 QE 导致的海外流动性收紧，都使我国需要采取稳健偏宽松的货币政策来应对经济增速的过快下滑。2014 年 11 月我国进入降息周期，中国人民银行于 2014 年 11 月 22 日采取非对称方式下调金融机构人民币贷款和存款基准利率。其中，金融机构一年期贷款基准利率下调 0.4 个百分点，至 5.6%；一年期存款基准利率下调 0.25 个百分点，至 2.75%。为应对经济下行压力，2015 年货币政策进一步放松。2015 年央行累计 5 次下调存款准备金率，以对冲出口占比下降导致的外汇占款减少。央行同时也连续 5 次下调金融机构人民币存贷款基准利率。金融机构一年期贷款基准利率累计下调 1.25%，至 4.35%；一年期存款基准利率累计下调 1.25%，至 1.5%。同样，作为完善货币政策框架的一部分，央行连续通过公开市场操作下调 7 天期逆回购利率，累计下调逆回购利率 160 BP（Basic Point，基点），至 2.25%。

虽然经济仍然在下行阶段，但从钱荒转向偏宽松的货币政策成为 A 股在 2014—2015 年上涨的主导因素，抵消了经济下行的影响。如图 3-8 所示，2014—2015 年，上证指数及深证成指累计涨幅分别达到 67.3% 及 55.9%，形成了一轮流动性推动的行情。2014—2015 年初的上涨，除了政策宽松的因素，股票市场的规则变化也是主要因素之一。这其中最主要的特征就是首次大规模地出现了经纪业务融资以及场外配资。信用交易的出现将宏观的宽松环境大规模地放大到进入股市的资金。在 2015 年股市崩盘之前，A 股融资余额达到 2.3 万亿元，场外配资估计大约有 4 万亿元。由流动性加杠杆推动的股市快速上行迅速积累了泡沫风险，如果流动性宽松并未改变经济增速下滑的大趋势，流动性带来的股市上涨亦不能持续，而这种情况从 2015 年下半年就已经出现。虽然 2015 年全年，股市仍然呈现上涨趋势，但实际从 6 月开始，就已经步入了熊市。从股市下跌的速度来看，用"股灾"来形容更为合适。在看到股市的投机氛围及泡沫快速扩大后，监管机构决定出手干预，开始大力整顿场外配资。而随着场外资金链条被打断，大量已入场杠杆资金开始出逃，引起了股市断崖式下跌。

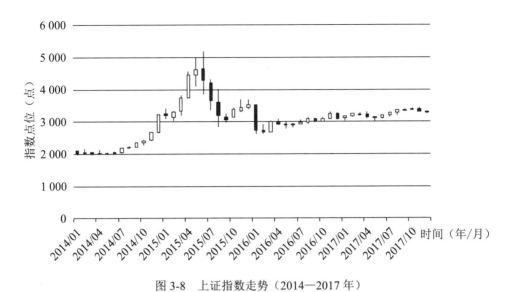

图 3-8 上证指数走势（2014—2017 年）

（数据来源：Wind）

第六节
去杠杆

2016 年，随着经济阶段性回暖，一轮宽松周期结束，我国借势开始推进"三去一降一补"（去产能、去库存、去杠杆、降成本、补短板）五大重点工作。作为重点之一的金融去杠杆阶段，在美联储进入加息周期、全球利率中枢同步抬升的大背景之下，央行亦开始抬高货币市场利率中枢，通过"缩短放长"的操作，改善期限错配，结束了中国债券市场自 2013 年"钱荒"以来长达 3 年的牛市。去库存则重点放在过去一轮宽松周期持续受益的房地产行业。房地产行业由于本身的金融属性，本身就是高杠杆、高负债的行业，在宽松周期中容易过度发展，偏离其基本商品属性的供需关系，积累了大量库存。尤其是在一线城市土地供应有限的情况下，在过去一轮宽松周期中受益的主要是低线城市的房地产开发投资。而低线城市本身就存在就业机会不足、人口净流出的情况，导致房地产实际需求不足。当从宽松周期转为紧缩周期后，很容易形成房地产库存堆积、房企流动性不足、资金链断裂的情况。2016 年，在去杠杆的作用下，A 股同样没有增量资金带来牛市行情。但多数杠杆资金已经集中在 2015 年下半年被挤出，A 股仅在 2016 年 1 月延续了 2015 年下半年以来的跌势，之后则开启了过度反应之后的修复行情。2016 年全年，上证指数及深证成指分别下跌 12.3% 及 19.6%。

进入 2017 年，我国继续推进金融去杠杆以及加强金融监管。各项监管政策密集出台，主要标志是银监会的"三三四十"，以及证监会的"九道金牌"、央行的大资管新规等。严监管结合监管部门自身的审查以及改革，银行理财规模开始下降，委外规模也迅速收缩。同时，货币政策继续保持稳健中性，把防控金融风险放到更加重要的位置，切实维护金融体系稳定。央行继续提高货币政策利率，引导市场利率进一步上行。2017 年初，央行就分别多次提高 MLF（Medium-term Lending Falicity，中期借贷利率）、SLF（Standing Lending Facility，常备借贷便利）和公开市场逆回购操作利率，通过多种货币政策工具组合收紧货币市场流动性。2017 年中的举行全国金融工作会议，进一步强调主动防范化解系统性金融风险，要把国有企业降杠杆作为重中之重，严控地方政府债务增量。

一方面，在各种去杠杆以及严监管措施下，2017 年 A 股的流动性依然是偏紧的，但 2017 年 A 股仍然呈现小幅上涨，上证指数及深证成指分别上涨了 6.6% 及 8.5%。纵观 2008 年至 2017 年的 A 股走势，似乎和货币政策有着紧密联系。一旦流动性宽松，即使经济面临危机，A 股也能实现大涨。而政策一旦收紧，A 股则立刻下跌。但 2017 年的持续去杠杆却没有导致 A 股大盘的下跌。当然因为毕竟缺乏流动性的支撑，A 股也没有大幅上涨。A 股不但没有下跌，还出现了以"漂亮 50"为代表的突出走势。富时中国 A50 指数大幅上涨 32.4%，明显跑赢 A 股大盘指数。而驱动"漂亮 50"上涨的主要因素是以钢铁、有色、煤炭、化工为代表的传统行业业绩大幅改善、盈利增长的表现带动了股价的大幅提高。作为对照，业绩不佳的创业板则没有受到资金青睐，在主要指数中表现垫底。2017 年，创业板指数下跌 10.7%。而这样结构性的走势，也是缺乏流动性支撑的表现。A 股在流动性收紧的情况下没有下跌，而是跟随盈利增长的差异而出现结构性行情，也从侧面说明了 2017 年的 A 股似乎已经开始变得更加成熟。经过多年牛短熊长的洗礼，A 股估值的水分也进一步蒸发。

另一方面，虽然沪港通与深港通在 2015 年及 2016 年分别开通，但北上资金放量布局 A 股，实际上是从 2017 年才真正开始的，如图 3-9 所示。这也是对正在经历去杠杆时期的 A 股流动性的一大增量补充。而北上资金的投资风格也和本地资金大不相同。北上资金更强调 A 股的配置属性，因此会首先关注有基本面支撑、估值合理的大盘蓝筹股，以及一批因常年缺乏本地资金青睐而估值偏低的白马股。此类股票通常盘子大，没有炒作价值，赚不了快钱，却在 2017 年成为涨幅最为突出的一类股票。在北上资金的加持之下，本地资金也开始注意到这类之前并没有受到太多关注的白马股，也一窝蜂地加入到增持白马股的大军中。这也是 A 股最早出现的机构大规模抱团"抄作业"的现象。而在这之前，A 股更多是散户、游资等小规模资金针对中小盘股票的抱团炒作，而大盘股则较少有资金愿意碰，尤其是在货币政策偏紧的年份。

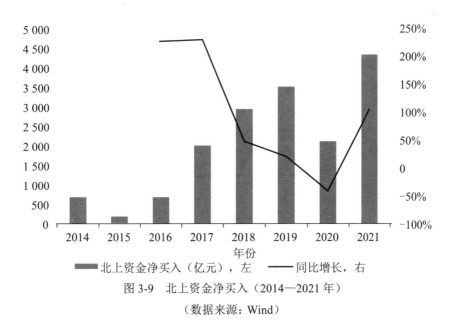

图 3-9　北上资金净买入（2014—2021 年）

（数据来源：Wind）

第七节
中美贸易争端

去杠杆的持续推进延续至 2018 年，社会融资增速频创新低，融资成本上升，使得企业融资难问题开始显现。自 2018 年初，就有多家上市公司出现债券违约事件。更重要的是，中美之间的贸易争端也在 2018 年初爆发。1 月 22

日，美国对进口太阳能电池板和洗衣机征收全球保障关税。3 月 1 日，美国针对中国钢铁和铝进口征收 25% 和 10% 的关税。3 月 22 日，美国提议对中国进口商品征收最高 500 亿～ 600 亿美元的新关税，并限制中国对美国的投资并购。4 月 2 日，中国对 128 种美国进口商品征收价值 30 亿美元的关税，作为对美国加征关税的回应。4 月 3 日，美国公布一份约 1 300 种中国产品列表，对这些价值 500 亿美元的商品征收 25% 的关税。4 月 4 日，中国宣布对美国进口 106 种价值 500 亿美元商品加征关税作为回应。4 月 16 日，美国商务部宣布未来 7 年将禁止美国公司向中兴通讯出售设备以及技术。6 月 15 日，美国宣布继续对价值 340 亿美元中国商品征收 25% 的高额关税，于 7 月 6 日生效。9 月 18 日，美国表示对价值 2 000 亿美元的中国进口商品征收 10% 的关税，中国也宣布对美国进口商品征收 600 亿美元的关税作为回应。多轮中美互征关税之后，中美之间的贸易摩擦愈演愈烈，并一直延续至 2019 年下半年，才出现缓和迹象。

在美国主动挑起贸易争端，达到遏制中国发展的目的之时，央行应对外部环境的变化，及时开始了货币政策转向。从 2018 年 4 月开始连续多次降准应对外汇占款下降。但在自 2016 年以来持续推进的去杠杆，以及最主要的中美贸易摩擦持续升级的影响下，即使央行 4 月重启降准，也难以阻止 A 股全年跌势。2018 年，上证指数及深证成指跌幅分别达到了 24.6% 及 34.4%，如图 3-10 所示。虽然说，中国在改革开放的过程中，也多次与美国发生过贸易冲突，但之前的冲突，美国更多是把中国当作供应商而产生的利益冲突，其中最突出的要数美国对于中国汇率管理的指责。而中国一般通过更多地增加美国进口，以及推进人民币市场化改革来化解。然而，2018 年的中美贸易冲突，美国显然已经将中国从一个供应商的角色升级为竞争对手的角色。而中国的崛起，也必须升级其在全球供应链中的地位，必然直面和美国越来越明显的直接竞争。也正是中美之间角色关系的改变，使得 2018 年开始的贸易冲突更像是一个中国发展里程碑式的存在。也正是因为这层特殊的意义，使得股票市场出现了明显的反应。当然，虽然 2018 年的贸易争端一直延续至 2019 年，但事实也证明了中美关系的转变是一个长期的过程，中美之间仍然是合作加竞争的关系，并不会在短期内发生质的突变，也不会进入到水火不容、完全对抗的状态。因此在 2019 年贸易冲突仍然持续升温的情况下，市场也从过度反应中恢复过来。

同时，伴随着 2019 年宏观环境继续保持走弱的趋势，一方面，我国通过稳就业、稳金融、稳外贸、稳外资、稳投资、稳预期的"六稳"政策积极应对，确保经济运行整体平稳。另一方面，我国通过政策进一步宽松，来应对全球经济的低迷以及中美贸易冲突所带来的影响。各类经济结构改革措施提高了我国增长潜力，确保我国宏观经济在外部不利因素之下保持了超预期稳定，显示了中国经济在面临外部压力时，已经能够保持弹性和韧劲。A 股市场在 2018 年的过度反应后，也呈现一轮估值修复的反弹行情。2019 年，上证指数及深证成指分别反弹了 22.3% 及 44.1%。

第八节
疫情时代

2020 年新冠疫情的爆发，让所有人措手不及。但事实上，历史上类似的公共卫生事件多次发生，人们从恐慌，到冷静，再到认识了解的过程基本相似。只是经历的人群不同，让每次事件的发生，都像是一场大型危机的爆发。当然，像疫情这类外部突发事件，能够快速打破常规经济周期，但当外力撤出后，经济周期也能够快速恢复，就如同一切按下了暂停键。但是在暂停的过程中，人们的生活还要继续，这就需要在原本经济周期中不需要实施的额外政策来维系。这些额外的刺激，对资本市场来说，就如同一针强心剂，在初期的恐慌下跌结束后，能够让市场快速形成深 V 反弹。并且，如果外部的危机并没有造成经济总量的实质萎缩，例如战争造成的生产破坏，那当危机缓解进入恢复期后，额外刺激所提供的流动性，以及增加的需求都能够使股市大幅上涨，甚至创危机前新高。2020 年就属于这样一个完全的刺激政策推动的牛市。2020 年，在经过前三个月的下探后，A 股迅速反弹。上证指数全年反弹了 13.9%，并创下 2019 年以来的新高。深证成指全年反弹 38.7%，并创下 2016 年以来的新高。不仅 A 股，港股、美股及其他多数主要股市，在救市政策支持下，都出现了类似的深 V 并创新高的走势。但这样的机会并不常有，且不可预测，属于可遇不可求的行情。

2020 年的疫情如果说来得突然，那么 2021 年的疫情只能说待得太久。我国的防疫政策在疫情集中爆发的初期，能够明显降低病毒的扩散速度，降低感染率、死亡率，较国外相对松散的防疫措施有着较大的优势。因此，我国在2020 年的下半年开始率先复苏，成为主要经济体中唯一维持正增长的国家。但新冠疫情并没有像 SARS 那样，在第一年的夏天就消失，而是呈现了与人类长期共存的特性。我国防疫措施更加尊重群众生命健康，采取以时间换空间的策略，在疫情长期持续的情况下，必然会影响经济的复苏。从 2021 年的经济趋势也可以看到，在疫情防控下，我国 2021 年的 GDP 增速逐季递减，四季度已降至 4%，经济增长的压力在 2021 年下半年明显加大。

所以，2021 年的 A 股虽然获得了小幅正回报，但 A 股、港股，以及美股上市的中概股，表现都不尽如人意。从 2021 年大类资产的表现来看，基本都是上涨的。其中，原油的涨幅大幅领先，主要由于 2021 年的经济结构性幅度导致供需错配所致。多数股票市场，包括发达市场及部分新兴市场，都有不错的涨幅。可见 2021 年是一个 Risk On（追逐风险）的阶段。黄金在这种情况下出现小幅下跌。但中国股票在所有大类资产中表现垫底，包括港股、A 股及中概股，主要还是由于中国经济的复苏实际上只持续了半年，进入下半年就出现了复苏边际减弱的趋势，叠加多行业的监管收紧，使得相关上市公司基本面也出现压力。港股跌幅更加严重，主要还是叠加了海外流动性收紧的不利因素。如图 3-10 所示，2021 年，上证指数及深证成指仅分别反弹了 4.8% 及 2.7%，

图 3-10　上证指数走势（2018—2021 年）

（数据来源：Wind）

港股恒生指数则下跌了 14.1%。同样处在疫情复苏阶段的美股，标普 500 指数则上涨了 26.9%。

第九节
中美经济发展历程对比

上文各自梳理了美股及 A 股自成立以来的历史走势。由于美股历史较长，股市累计回报自然是 A 股不可比的。若看年化回报来说，美股与 A 股的相对表现与我们的直观感受还是有很大不同的。事实上，A 股与美股各大代表指数的年化回报互有高低。A 股历史最悠久的上证指数历史年化回报在 12.0%，高于美股历史最悠久的道指的 5.3%。相对综合的沪深 300 指数年化回报在 6.8%，也高于美股标普 500 指数的 6.1%。纳指作为美国新兴科技的代表指数，在三大指数中历史相对较短，但年化回报却最高，达到 10.4%，高于 A 股新经济成分更多的深圳成指的 9.1%。当然，如此类比仅仅是一个数字结果，并不能单凭此就产生完整结论。因中美两国的发展路径、发展阶段都不尽相同，还需细数两国市场间的具体差异。

美股伴随着美国经历了两次世界大战，这其中，美股既经历了美国工业化所带来的高速发展时期，又经历了美国经济增速下滑，增长几乎停滞但经济绝对水平较高的成熟时期。接下去的问题就是美国是否会进入衰落时期，以及何时进入？从现有的情况来看，美国虽然有很多经济社会发展到一定阶段普遍存在的问题，如阶级固化、贫富差距、种族矛盾等，但还没有真正进入衰落阶段。美国在全球的霸主地位较 20 世纪确实有所削弱，但目前为止还没有一个单一经济体或集团能够取而代之。

中国自改革开放以来，以已有的海外老牌工业化国家为参照，同样经历了快速的工业化以及城市化进程。A 股的设立是在中国积极转型外向型经济之初，搭上了经济全球化的"快车"，同样伴随了中国经济高速大发展阶段。而在进入 2010 年后，中国的经济增速开始换挡，也开始从高速发展进入中等增速的发展阶段。而随着中国经济规模越来越大，基数越来越高，未来也不可避免地进入低速发展阶段，甚至零增长的成熟阶段。这是任何一个经济体发展的必然规律，无须过度担忧。

从发展速度来看，中国除了几个特殊年代的特殊年份之外，多数时期GDP 增速都是高于美国的。即使在 2019 年我国经济增速连下台阶，GDP 增速降至 6% 时，也仍然高于美国 20 世纪 60 年代高速增长时期的平均水平。

若比较两国发展的轨迹，可以看到，美国经济第一次高速增长出现在 20世纪 20 年代，也就是"一战"后。之后则经历 1929 年的"大萧条"。其后的"罗斯福新政"，以及之后的"二战"给美国经济带来了新的增长动力，让美国在战后又一次经历了高速增长阶段。而进入 20 世纪 70 年代之后，美国经济基本上处于波动下行状态。中国 1978 年的改革开放，以及 20 世纪 90 年代开始确立的外向型的发展方向，类似于美国 20 世纪 50 年代之前的发展阶段，都属于短缺经济之下，通过更有优势的供给来获得经济高速增长，提高自己国家的商品在全球的占有率。区别在于，美国利用了两次世界大战后的欧洲大量重建需求来输出自己的商品以及资本，最终成为世界霸主。中国则利用了发达国家工业化转型升级的契机，利用自己改革释放的人口、土地、基础设施等一系列红利，承接了大批的欧美中低端制造业转移需求，利用向发达国家输出商品换取了高速发展阶段。这两种起因不同、本质相同的高速发展的共同点在于，两者最终都会迎来其瓶颈，而能否突破其瓶颈，就需要看其能否借着发展的过程，形成核心优势，再凭借核心优势形成壁垒，带着优势及壁垒进入下一轮发展阶段。美国在"二战"后的大发展所形成的最大核心优势，就是排除了金本位制，进入了美元本位制时代。这使得美国就像是地球这个超级大国的中央政府，掌握了货币发行权。而这种全球通用的信用货币，其最终解释权归美国所有。这就使后来者，如日本、欧盟等经济体的发展，都显得有些无力。日本在"广场协议"后，经济迎来了"失落的十年"，虽然经济的绝对水平仍然较高，却难以再撼动美国的地位。而欧盟所形成的欧元，虽然从经济体量上有机会对抗美元，但由于欧盟这种货币统一、财政不统一的制度存在天然的缺陷，导致内乱不断，实际上难以形成合力对抗美元。

中国未来发展的主要瓶颈之一，也可能出现在人民币与美元的直接对抗上。但在这之前，中国发展的瓶颈其实已经出现。因为中国的发展基本上是在和平时期一步步通过劳动在全球市场上交换，然后逐渐积累得来的。中国在与发达国家交换的过程中，由于地位的差异而缺乏议价能力，很多时候也只能折价交换，甚至亏本交换，来换取发展机会。就如同欧美国家在产业结构升级时，仅仅将一些无技术、低利润、不环保的中下游加工、制造环节转移出来，而核心环节仍然控制在自己手中。而中国的发展，就是靠这些发达国家的落后产能一步一步发展起来的。这种发展方式，由于顺应了发达国家的产业升级，因此阻力往往较小。但这种发展方式本身就是继续发展的瓶颈。在填补了发达国家产业升级过程中的产业缺口之后，发展也就停滞了。我国2010年以来的经济增速持续下滑，就是由全球已经从短缺经济进入过剩经济，外需下降引发的。从量上来看，可以说过去外向型经济的发展瓶颈已经出现。而我国在多年之前，就已经开始意识到经济结构再平衡的重要性，提出了扩大内需、构建国际国内双循环的发展方式转变来对冲发达国家周期性的衰退甚至危机，以及全球性的需求不足、产能过剩。

从质上来看，我国发展的瓶颈也已经出现。事实上，我国在经济增速下滑的初期，就已经开始着力产业升级。从"三去一降一补"、供给侧结构性改革，再到"十四五"规划提出在战略性基础核心领域重点发展人工智能、量子信息、集成电路、生命健康、脑科学等八大前沿领域，都显示出我国发展基础理论、积累核心技术、推进产业升级的方向及决心。而这样推进质的转型，将与发达国家形成直接竞争，转型发展中的阻力将明显增加。2018年的中美贸易争端就是一个典型的现象。贸易争端的本身并不仅仅是贸易，而是要遏制中国的转型升级。因此，本轮贸易争端并不仅仅是多买美国产品，增加开放行业就能解决的。中美之间的竞争关系，也将逐渐上升为主要矛盾，这也是贸易争端迁延近两年时间的主要原因。而在这之后，仍然不断有中国公司，尤其在一些存在升级潜质的产业，频频遭到美国无端制裁。美国为遏制中国进一步发展所实施的脱钩战略，并不是不想和中国做生意，而是不愿意和中国平起平坐地做生意，其用心昭然若揭。

因此，单单从发展阶段来说，中国高速发展的阶段可以勉强对应美国两次世界大战后的高速发展，但由于起点不同、路径不同、世界经济格局不同，中国目前的阶段并不对应美国历史上的任何一个阶段。这其中，蕴含着巨大的不确定性，但同时也意味着中国未来可以走出一条自己的道路，不用模仿任何国家，同样存在着开创一片新天地的巨大机会。

第十节

A 股目前阶段所具有的特色、机遇及挑战

中美市场表现差异的原因

前面提到的，主要是中美在宏观经济方面的类比。虽然通过经济增速的对比，将发展阶段进行粗略的划分，中美发展有其相似之处。但这种简单的划分，放到任何一个经济体的发展过程，其实都是适用的。除了经济增速之外，中美之间发展路径的差异还是比较明显的，这也导致了中美股市之间的显著差异。

从整体表现来看，中美股市的差异并不明显，几个主要指数的表现互有高低，都能够随着经济的发展而维持长期上行的趋势，长期为投资者带来正回报。但是在历史上，二者的走势相关性一直不高，仅在一些全球性的风险事件中，如 2008 年金融危机、2020 年新冠疫情等时期，中美股市相关性才较高。当然，在这种事件中，所有国家的股市相关性都会提高。从数据上来看，上证指数与道琼斯工业指数的年回报相关性仅为 28.6%。作为参照，拿同样与中国基本面息息相关的港股恒生指数来对比，恒生指数与道琼斯工业指数的相关性则达到 45.6%。而在同一市场中的不同指数，如道琼斯工业指数与标普 500指数的相关性高达 95.3%。A 股市场中，上证指数与深证成指相关性也达到77.3%。从参照系的对比可见，A 股与美股的相关性较低。

这其中，有 A 股及美股所对应的中美经济所处阶段不同所导致的差异。A股建立之初，正值中国经济市场化改革进入关键时刻，价格改革也刚刚开始，人民币进行了市场化并轨，股票市场、期货市场、房地产市场等几大投资市场也刚刚起步，我国掀起了一轮投资热。因此，A 股在建立初期的涨幅异常高。而之后的 1997 亚洲金融风暴、股改等，都属于仅对 A 股产生明显影响的因素。2008 年之后，随着经济再平衡的推进，中美经济脱钩也愈加明显。中国经济更是在对抗增速下滑以及保持高质量发展中，愈加地以我为主，形成了自己的经济周期。这也就造成了中美经济政策之间的不同步。2008 年之后，中美

之间的政策相背的情况频频发生。例如，2012 年我国政府推出了新一轮刺激政策，而美国则是开始退出量化宽松。2015 年底，美国开始了一轮加息周期，延续了货币政策收紧；而中国在 2014—2015 年又经历了一轮全面宽松，直到 2016 年中才开始去杠杆。进入 2022 年，美国再次进入加息周期，而中国仍然处在宽松周期中。货币政策的差异将直接导致中美股市流动性环境的不同，进而产生股票走势上的区别。

中国作为一个以外向型经济起家的经济体，很多时候，要参与到全球化之中，就必须保持汇率方面的优势。如不能保持优势，也至少保持汇率稳定。这就势必要放弃货币政策的独立性。但中国的货币政策，在面对中美经济周期不同步时，仍然能够保持相对较强的独立性，这就归因于资本账户管制政策。

不可能三角（impossible trinity）理论认为，一国不可能同时实现货币政策独立性、汇率稳定和资本自由流动这 3 个目标。在固定汇率制下，如果允许资本自由流动，那么货币当局就不得不干预外汇市场以保持汇率的稳定。具体地，在资本项目开放的情况下，若国际资本流向国内，本币将面临升值的压力，那么货币当局就将购进外汇，同时被动投放本币，使得本币供应量增加。而一般海外资本流入都在国内经济繁荣时期，此时再增加本币供应则会加剧经济过热风险，形成高通胀。反之，若资本流出，本币面临贬值压力，货币当局就要卖出外汇，被动收回本币，使得货币供应量减少。若此时伴随着经济疲弱，再叠加本币供应减少，则会加剧经济衰退的风险。两种情况下，资本的自由流动都会加剧经济波动，而为了维持汇率稳定，货币政策并不能起到自主的逆周期调节作用，丧失了货币政策独立性。

关于资本账户开放，迄今国际上尚无严格、标准的定义。IMF 将资本项目开放定义为：解除对跨境私人资本流动的法定限制，是金融自由化的一个重要组成部分。特别是，放松对国际收支资本和金融账户交易的管制和禁令，包括解除外汇可兑换限制。IMF 将资本项目开放分为以下 4 个方面：①居民不仅可通过经常项目的交易，也可通过资本项目的交易获得外汇；②所获外汇既可在外汇市场上出售给银行，也可在国内或国外持有；③经常项目和资本项目下交易所需要的外汇可自由在外汇市场上购得；④国内外居民也可自由将本币在国内外持有，以满足资产要求。这里需要强调，资本项目开放是一个程度的概念。我们说的资本项目开放并不是指一点限制都没有，而是在一些子项目上仍然可以存在管制。大多数国家根据本国一定时期国内外经济金融状况，对跨境投资、不动产和证券市场交易等某些资本项目子项保持不同程度的管制。很多国家即使开放了资本项目中的某些子项，也常常伴随相应监管或开放后由于国际收支恶化而恢复管制。通常所说的资本管制是指一国政府对国际资本流动的管制，包括对跨境资本交易行为本身的管制和在汇兑环节对跨境资本交易进行管制。

当然，资本账户的管制有利于我国经济、金融的稳定，使得国际资本流动，尤其是短期资本投机性的流动不会造成严重影响。在我国金融市场仍处在建设阶段时，能够起到一定的保护作用。但从长远发展来看，资本账户开放有利于我国吸收全球资本投资中国，同时也有利于人民币的全球化进程，提高我国在全球金融市场的地位。资本账户有序开放是我国的长期发展方向。

在资本账户管制下，海外资本不能自由进出 A 股市场。A 股市场长期与海外市场割裂，分属两个不同的流动性池。而影响股市的两个最主要因素，即基本面及流动性中，基本面更多表现为中长期变量，影响的是股市的趋势。而流动性更多为中短期的变量，引起股市的波动。中美经济之间虽然有着千丝万缕的联系，但整体仍属于不同的发展阶段，虽然在一些极端环境下，二者的流动性环境趋同，例如 2020 年的新冠疫情，都是提供宽松的流动性环境来对抗危机。但在各自常规周期之中，两者的政策节奏、力度、方向都会有所不同。流动性环境的割裂，使得 A 股与美股有着差异较大的波动周期。即使两者的长期趋势都是向上的，但各自独立波动周期使两地市场的相关性较低。A 股的流动性情况主要受中国人民银行的政策左右，而美股流动性则主要受美联储政策影响。

A 股市场表现近年发生的变化及趋势

当然，随着我国有序地推进资本账户开放进程，外资有更多的渠道进入 A 股市场，对 A 股的影响力也日益加大。从最早的外商直接投资，到之后引进 QFII（Qualified Foreign Institutional Investors，合格境外投资者），再到沪港通、深港通的接连开启，都在逐步推动 A 股的开放程度。A 股的表现也随着开放程度的加深出现了一些本质的变化，整体上逐渐走向成熟。在早期 A 股中，投机风气严重，往往优质的白马股缺乏炒作题材，虽然业绩持续稳健，但并不受到短期热钱的喜爱。而大量的中小票，由于盘子较小，不需要大量资金就能形成炒作效应，使得热钱、庄家可以在短期内达到赚快钱的目的。因此，A股在过去较长时间形成了大票无人问津、交投冷淡的特点。而大量中小票，甚至没有业绩的ST标的，以及存在退市风险的标的，在没有完善退市机制的A股市场中更加受到炒家的青睐。投机资金通过炒作摘帽、重组等概念，往往也能获得不错的回报。而这种风格的市场，往往只是少数人的乐园。但这种本质上带着赌性的市场风气，又驱使着A股中的主力——散户这个群体趋之若鹜。人人都抱着在股市一夜暴富的梦想来赌一把。运气不好的，直接"躺平"。运气好的，以为找到了财富密码，必须再来一把，最终也还是难逃"躺平"的命运。当然，中国经济的发展，居民财富的积累，使得即使这样的A股市场，仍不缺带着大把辛苦所得的勇士前赴后继。这也就是为什么长期来看，其实A股整体涨幅不错，年化回报也不比美股差，但老百姓却都在抱怨没赚到钱。投机属性过重，投资属性较差，可以说是A股早期的真实写照。

而随着A股市场的开放程度逐渐提高，尤其是在2016年沪港通、深港通开通之后，A股的情况发生了明显的变化。其中最主要的变化是，大盘股开始逐渐获得资金关注，并且开始跑赢中小盘股。由于海外资金买入A股，首先是作为全球资产配置的一部分来看待。在配置初期，外资往往挑选最能够代表中国经济的权重股进行配置，也就是配置中国股市的Beta，而不会去挑选流动性风险、基本面风险、公司治理风险都更大的中小盘。这也就是为什么近几年，随着外资逐渐增加中国股票配置，大盘指数明显涨幅提高，很多白马股都出现了历史最好行情。

当然，一种风格一直持续，就会形成泡沫。白马行情亦是如此。当A股的各大基金看到有资金已经帮着筛选出了一批好票，"抄作业"的性价比立刻提升。一个人"抄作业"，可以提高全班成绩；而全班"抄作业"，就只能提升考试难度了。股市亦如此。随着白马股股价水涨船高，"学霸"考完提前离场，剩下的人就只能围绕着已知答案继续抱团，最后骑虎难下。不抱团没有眼下的业绩，但"囚徒困境"决定了继续抱团总有土崩瓦解的一天。当然，这只是A股逐渐成熟中的一个过程，已经较早期好票涨不动、烂票满天飞的情况好很多。A股资源配置的效率已经大大提高。我国基金虽然还缺乏差异化以及原创性的投资能力，导致市场波动仍然较大，还未完全摆脱大涨大跌的投机特征，进入稳健上行的阶段。但基金能够有业绩，自然能够吸引更具赌性的散户放弃一系列无效市场才会有的操作，转而投身基民，扩大机构投资者的份额。机构市场份额增加，抗风险能力也随之上升，试错的机会成本下降。在没有生存危机之下，就能够更有胆量、更有力量去尝试更具差异化的选股、更具眼光的择时，使 A 股市场的优质标的能够百花齐放。虽然某一年的涨幅可能没有抱团时来得高、来得快，但稳健的长期趋势才是投资所需要的特质。如此，A 股的生态能够得到进一步的改善，形成鸡生蛋、蛋生鸡的良性循环。

美股相对 A 股的一大优势，并非涨幅比 A 股高多少，而是其波动率比 A 股低多少。低波动率才是能够真正吸引大量资金、长期资金配置的主要因素。不像债券、利率等固定收益市场，股市的特性，本来就是能够获得上限无穷的资本收益市场，事实上，投资股市是不用担心收益问题，因为很容易就能获得高收益。但在获得无限收益的同时，也伴随着无限的风险，结果很有可能等于零，也就是亏完所有本金。因此，在投资股市中，如何降低风险是比如何赚钱更重要的课题。

接下去我们就讲讲风险。很多人讲投资就只看收益。但事实上我们不光要关注投资的收益，还要关心其对应的风险，因为收益就是来自风险，不考虑风险的收益不完整，不考虑收益的风险则完全没有存在的必要。收益和风险必须联系起来才有意义。投资领域结合风险的收益评估，最主要的有两个，一个是 sharpe ratio，另一个是 information ratio。当然其他还有很多衍生的变化。sharpe ratio 即夏普比率，主要就是评估单位风险下的收益，也就是总风险下的总收益；information ratio 即信息比率，主要就是评估主动风险下的主动收益。这里面风险是以波动率来考量，具体到数学概念上，就是指标准差（SD）。2010—2021 年，标普 500 指数的年化波动率在 13.3%，大幅低于上证指数和深证成指分别 20.3% 和 24.1% 的年化波动率。而如果一个市场本身风险就很低，那它的风险回报，就自然更加有吸引力。从美股和 A 股的 sharpe ratio 的比较来看，如图 3-11 所示，2010—2021 年，标普 500 指数的年化 sharpe ratio 约为 0.83，大幅高于上证指数和深证成指均在 0.08 左右的年化 sharpe ratio。

从横向比较来看，由于 A 股较高的波动率，A 股的风险收益较美股确实还有较大差距，而且由于资金来源、市场结构的区别，该差距在未来较长一段时间仍将存在。但如果从 A 股的纵向比较来看，A 股的风险在近年有所下降。如图 3-12 所示，上证指数的年化波动率已经从 2010 年的 24.7% 下降至 2021 年的 9.3%，深证成指的年化波动率也已经从 2010 年的 32.5% 下降至 2021 年的 10.6%。逐渐改善的波动率有助于提高 A 股的风险收益，增加 A 股的可投资性，吸引全球资金配置。

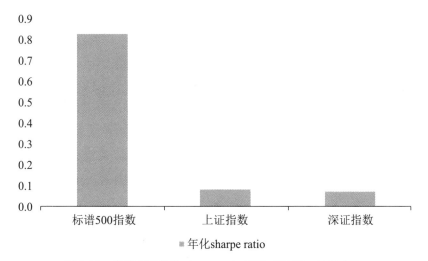

图 3-11　中美主要指数 sharpe ratio 对比（2010—2021 年）

（数据来源：Wind）

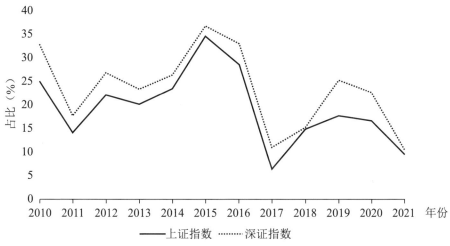

图 3-12　中美主要指数年化波动率对比（2010—2021 年）

（数据来源：Wind）

第四章

研究方法

第一节
研究框架

在研究股市的时候，人们往往将研究框架分为两类。一类为自下而上，另一类为自上而下。自下而上的研究方法，着眼于具体的标的，而不太关注宏观及市场环境的变化。如巴菲特一般自诩价值投资的投资者，主要采取该种研究方法。他们重点研究了解公司层面的一切，甚至比公司的老板更在乎这家公司的生意。如果觉得这家公司有前景，就会义无反顾地投资，而不在乎目前的经济环境、市场氛围。甚至，他们更乐意在经济衰退以及大熊市的时候入股，只要他们自己的资金在这些非常时期仍然没有出现问题。在这类投资框架中，择时并不是一个重要的因素。当然，这种框架更适合机构投资者，因为作为机构，其存续时期理论上和一家公司一样，是无限存续的。他们可以通过持续的持有来获得公司长期的回报，也可以通过长期的分批建仓来抹平经济周期、市场波动的影响。但这个所谓的长期，并不是一个自然人可以想象和参与的，因此也就不适合大多数个人投资者。一个个人投资者，并没有持续足够的可投资资金流入，所以，如果买在了一个好公司的股价高点，之后股价回落，他们就只能简单地等待将来股价回升来解套。而机构投资者可以通过持续募资来增加资金规模，也就可以在未来很多时候增加持仓，抹平单次买入的影响。这和基金定投的思路有些相似，但在资金规模和时间跨度上，仍然是不可比拟的。

而自上而下的研究框架，对于标的的关注度明显下降，而把重点放在了宏观周期及市场环境的变化上。择时是这种研究框架的核心。通过对目前所处经济周期的阶段，市场流动性情况的好坏，行业轮动的特征等一系列宏观因素的判断，来决定具体投资哪一类资产、哪一个行业，而在选择具体的标的时，并不会做过多的分析，一般是简单地选择具有代表性的行业龙头，或者是直接选择符合要求的ETF。从这个层面来看，自上而下的研究框架并不能看成是投资，而更像是投机。在资源配置效率上，也有所下降。其择时的特性并不能够为其所投资的标的带来长期稳定的资金。即使在某一阶段有资金流入，也仅仅是流入了在聚光灯下的行业龙头，并不能够为一些细分行业、新兴行业中仍然寂寂无名的标的提供支持。显然，这种偏重择时的研究框架更加适合个人投资者，毕竟，一个自然人一生中可以经历数十轮常见的经济周期。而市场的牛熊转换，一般的宏观经济数据、市场表现等在各大财经媒体都可以很容易地获得，比起了解一家仍处在发育时期的小独角兽的经营情况要容易得多。而作为个人投资者，也无须承担过多培养优秀企业的责任。过好自己这一生，不给别人添乱，顺便赚点钱，就是对社会最大的贡献。

第二节
经济周期

上文分别介绍了中美经济发展各个阶段对股市的影响。但主要还是从一个较长的历史维度来思考总结。但很多时候，我们讲经济，可能更想理解经济发展里面一些周期性的东西，一些可以重复利用的规律。那我们就先看看，经济学里面有哪些关于经济周期的理论。首先，我们讲讲较短的周期，也就是我们常说的库存周期。一般这个周期持续时间为 3 ～ 4 年，主要根据历史的物价、生产及就业数据统计，简单来说，就是一个产品从刚出现，满足不了需求，库存下降，价格上涨，到推动产能增加，结果库存增加，价格下跌，产能减少，库存再下降的周期性过程。

在这个周期中，产能虽然有变化，但主要是由产能利用率的变化导致的，和总产能无关。举个例子，假如我们有 10 条生产线，一开始开了 5 条就能满足需求，结果发现产品大卖，然后就开始招人，增加原料储备，将 10 条生产线全部开启。这就属于库存周期。然后过了一段时间，我们发现产品太好卖了，10 条生产线也不够，必须再开一个厂房的时候，这就涉及下一个周期，朱格拉周期。

朱格拉周期就涉及资本开支的变化，一般认为在 10 年左右。因为资本开支涉及投资，而投资又是在经济中比较波动的一项，能引起经济周期性的变化，导致经济进入繁荣、衰退、复苏等阶段。我们平时说的经济周期，更多是类似于朱格拉周期的概念。

接下来是库兹涅茨周期。这个周期可能一般人不太熟悉，因为这个周期比较长，一般认为有 15～25 年。而这个时间跨度，可以想象，不光是有关钱的问题，已经涉及人口的繁衍和迁徙。25 年，基本上接近一代人的时间。这个周期怎么来的呢？假设，我们正处在朱格拉周期的繁荣阶段，大家都赚到钱了，有钱了自然就会结婚生孩子，那人口就开始快速增长，而这一增长就是多出了一代人。那这些人之后的吃喝拉撒、买房买车的需求不就产生了吗？所以这个周期也被称为建筑周期。从这个角度看，中国于 20 世纪 90 年代启动房改，开启房地产市场的繁荣，其实也是库兹涅茨周期的一部分。那既然是周期，也就是代表上行的趋势有到头的一天，只不过这个趋势比较长罢了，可能会持续整整一代人。但上一代人的上升阶段到下一代可能就不是了。看看目前中国人口结构的变化，和 30 年前做个比较，关于房地产市场的结论就自然明了了。

最后我们看一个长周期，也就是现在经常谈的康波周期，这个周期近几年比较火，因为总有人拿出来讨论，号称现在的年轻人想要翻身，就靠把握住这一次康波周期的机会。这句话其实是有一定道理的，不光对个人，对国家也是如此。因为前面的这些周期，都是在已有的社会框架或全球体系下运行的。先行者，或者先发国家，掌握着主要产品、核心科技、规则等一系列资源，这其中周期性变化的只是多生产少生产、多投资少投资、多生娃少生娃的问题，并没有新的东西产生。换句话说，劳动生产率或者说全要素生产率并未明显提高，人民生活水平也并未提高。康波周期其实讲的就是科技进步，提高劳动生产率，推动经济潜在发展的周期。这个周期，一般定义是 50～60 年。但笔者认为，这个期限其实很难界定。因为科技的突破存在一定的偶然性，在经过长时间的细微改进的积累后，可能突然就爆发了。就如同生物学界的基因突变一样，我们可以预期突变带来进化，却不能够准确预知其来临的时间及变化的内容。而且在有效突变产生之前，会产生大量没有意义的突变。说到底，这也是一个概率问题。在人类社会，康波周期或者形成康波周期的因素，才是推动经济长期增长的真正动力。

历史上的 3 次工业革命，也就是康波周期中推动经济长期增长的动力。基本上每次工业革命之间都持续了将近一个世纪的时间。第一次工业革命是指 18 世纪从英国发起的技术革命。第一次工业革命是以工作机的诞生开始的，以蒸汽机作为动力机被广泛使用为标志的，开创了以机器代替手工劳动的时代。第二次工业革命是指 19 世纪中期，人类进入了电气时代。第三次工业革命是以原子能、电子计算机、空间技术和生物工程的发明和应用为主要标志，涉及信息技术、新能源技术、新材料技术、生物技术、空间技术和海洋技术等诸多领域的一场信息控制技术革命。那么第四次工业革命，会发生在哪些领域呢？目前来看，比较可能的是 AI（人工智能）、大数据、物联网、云计算、区块链等领域。但这些真的是一次颠覆性的革命，还是只是上一次信息革命的延续？目前其实还很难说。这些技术产生的时间与信息技术革命的时间相距较近。例如，AI 中很多算法，像某些神经网络（neural network）算法的原型在 20 世纪 70 年代就已经出现。只是当时还没有足够的算力和数据来产生有效的应用。直到今天数据和算力的爆发，才产生了各种 AI 的应用场景。从这些相似的特征来看，笔者认为这些领域更像是信息技术革命的延续。

接下去我们再看看美林时钟。美林时钟本身并非一套完整的经济或金融理论，而是美国投资银行美林银行将大类资产表现与经济周期相结合形成的一种资产配置框架，用以从实操层面对其客户提供投资建议。如图 3-12 所示，美林时钟将经济周期分为 4 个阶段，再结合各个时期大类资产的表现进行分析。其基本的规律就是：在经济复苏时期，公司基本面得到改善，通胀也并不高，股票是首选；之后经济进入过热阶段，通胀继续上行，政府为了控制通胀采取紧缩政策，利率得到提升，股债价格受到抑制，而通胀之下商品表现可能是最好的；之后经济开始降温，通胀仍在高位，进入滞胀阶段，可能持有现金是相对安全的做法；最后，通胀和经济均走弱，债券等固定收益类资产可能是表现最好的资产。该过程循环往复，形成周期性的资产配置及投资机会。

从上述几个经济发展阶段之间的关系可以看出，通胀水平应该是联系各个阶段的主线。正常情况下的通胀上升，意味着总需求略微高于总产出，供给处在偏紧的状态，工人的工资也存在向上的趋势。工资的增加推高了消费能力，增加了产品及服务的需求，企业利润也随之增加，就像之前库存周期所描述的一样。之后，企业会倾向于增加投资、扩大生产、增加就业，因此就业市场也得到改善。人们对于经济繁荣的预期使得消费者也会增加借贷用以消费，增加的需求进一步推高通胀。但这时通胀的上升使名义利率也开始上行。并且在高通胀之下，政府为防止经济过热，也会通过加息进一步推高名义利率。利率的上升开始抑制企业的过度投资需求及居民借贷需求，减弱了通胀所带来的内生正反馈作用，令逐渐过热的经济开始降温，意图通过逆周期调节尽量使经济平稳运行。但事实上，很多防止经济过热的紧缩政策实施得过晚，这又进一步导致了必须采取更大的力度才能有所成效，这就容易造成过快的减速，形成经济危机。这就如同一辆高速行驶的汽车，如果一脚刹车踩到底，往往是以翻车的形式将车停下。但如果慢慢地将车停下，又没有足够的时间。因此经济危机经常造访，甚至成了经济周期的一部分。

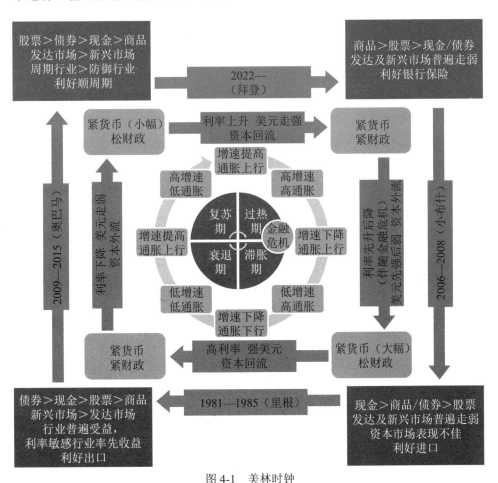

图 4-1　美林时钟

第三节

周期和股市

我们做投资，可能就要首先把握目前在各个周期中的位置。当然，光靠这一点也不一定就能获利，因为这只是一个理论模型，现实中还是要结合很多市场因素。事实上，经济周期和市场周期并不同步。有人将二者的关系简化理解为，市场往往领先经济大概 1/4 个周期，也就是说当下的市场，反映的是下一个阶段的经济情况。这里就存在一个预测的问题。那么就出现了两个新的变量：一个是经济周期本身的走势存在不确定性，也就是这个阶段是否结束，下个阶段何时到来的不确定性；另一个，即使经济周期的发生非常稳定，但市场在预测过程中，也会产生各种不同的观点、情绪和交易，而且这些变化每一天、每一分钟都在发生，这也就导致了市场走势的波动。因此，市场中大部分都是噪声，信噪比非常低，难以预测，而且有很强的路径依赖。这就像薛定谔的猫，只有在发生后才能看到确定的结果，而不能通过预测来确定将来的一种不稳定状态。也就是说，即使历史重演一遍，市场的实际走势也会因为几个随机因素而完全不同。所以，通过任何简化的模型来判断市场，其作用只能局限在建立一个理论锚，帮助我们理解。实际市场的走势千变万化，只能在事后寻找一些逻辑自洽的理由或模型来解释。在市场正在发生的当下，可以认为市场完全是由噪声组成的，并不适用于任何已知的模型。只有当噪声固定下来，成为某种历史趋势，人们才在此基础上建立模型去拟合这种本质上由噪声所形成的规律。但在下一秒，市场又是完全不同的面貌。总之，市场走势只能被创造，而不能被预测。

举个例子，假如经济正在经历衰退，还未到早期复苏，那么按照市场领先经济 1/4 个周期的理论，市场应该已经看到复苏的到来，处在一个进入牛市的过程中。但是，早期的复苏信号，例如一些政策的放松等，本身并不能完全代表复苏，可能只是衰退过程中的一些尝试而已。又或者，经济确实出现复苏，市场还没有从深深的衰退中恢复足够的信心认为复苏即将来到，那市场可能继续处在下跌的过程中。那么可能有人会说，没关系，大家总会看到经济的复苏，那牛市肯定会来的。这样想又进入一个误区，就是市场往往看的是下一个阶段，可能这次的复苏比较短暂，在市场意识到的时候，复苏阶段已然接近尾声，又进入下行阶段，市场可能直接就不会有一轮牛市。那么有人又会说，这明明是市场错了，错过了经济的复苏阶段。但是，我们要判断的是市场，不是经济周期本身，市场表现代表的是客观事实，是我们要判断和解读的对象。所以，从这个角度来说，市场是不会错的，要错也只能说是我们判断市场错了。所以有时候仅仅判断了宏观走势，即使判断对了，也只能说市场理论上会怎么走。但实际的走势还需引入大量宏观以外的东西。有些东西可能就是噪声，但只要不是毫无意义的白噪声，就有听一听的必要。整体来看，市场和经济周期之间的关系是不稳定的。宏观经济本身是一个慢变量、低频变量，而市场则是快变量、高频变量。尤其在判断市场小周期的时候，更需要引入其他变量。但如果注意看前述关于中美股市历史的章节，也很少有所谓的股市领先经济 1/4 个周期的情况。所以经济和市场表现的相关性，还是要结合当下环境，具体问题具体分析。

进行宏观分析，就需要关注一些常用指标，如 GDP、PMI、CPI 等，但我们平时看到的多数宏观指标是落后指标，描述的是上个月或者上周的情况，而且由于统计需要，一般会延时发布，所以单纯地看这些宏观指标并不能反映当下以及未来的情况。但也并不意味着这些指标就完全没有意义。在实际投资中，人们可能会更关注实际数值和预期之间的预期差，从而对新的预期做出调整，再反映到当下的投资操作上。因为同样的经济和盈利数据在不同的市场环境和预期下会变成惊喜或惊吓，市场的反应可能截然相反。这就和估计公司业绩类似。去年的业绩好于预期，虽然已经是过去式，但投资者总会对今年的表现更有信心，从而更倾向于上调今年的数字；反之亦然。另外，宏观上也有一些领先指标，虽然也是根据历史数据编制，但其编制方式本身就带有预测属性，例如一些信心指数，所以就不会有时间上的落后。但由于其本身不是客观的数据，也会引入新的预测偏差。此外，还有一些市场的实时数据，像利率、汇率等，都是交易数据。这些高频的指标，可能不光反映宏观情况，还包含了市场的供需、短期的情绪等。由于都是由市场产生，这些数据有些时候更能够用来解释股票市场的变化，但同时它们也包含更多噪声。市场数据很多时候可以用来解释市场，但又不能用来解释市场，因为市场本身就是不理性的。这就像很多股市专家，每天都能给市场的上涨或下跌找到几点合理的解释，而如果当天的走势是相反的，他们同样能够找到一堆理由来解释。这些所有的理由，都只是为了配合当天市场的表现而刻意寻找的。无论上涨还是下跌的理由，每天都有无数条，甚至同一条理由，既可以解释上涨，也可以解释下跌。而事实上，市场的波动不需要理由，这种回过头去解释每天的波动是没有意义的。市场这样走的原因，就是市场这样走了。市场本身就是所有因素的综合反映。如果理解这一点，就不会为了"明明都是利好，为什么还在跌"这种问题而苦恼。别人给你的解释，也只是一个看起来合理的解释而已。

长期来看，资产价格由基本面和内在价值决定，这是由资本市场的功能所决定的。资本市场的功能是资源的有效配置。如果资本市场不能将资金有效地引入优质的资产，那也就失去了存在的意义。但由于信息不对称、市场有效性不足等问题存在，短期股价经常受政策、投资者情绪等扰动，偏离内在价值。这里就涉及行为金融学及市场有效性假说等问题。那么，投资机会恰恰是源于价格对价值的偏离，发现和利用市场的定价错误，寻找还没有体现在股价里面的信息。通过价值发现的过程，不仅能够从中获利，还能够改善市场的有效性。

第四节
股市的不可预测性

可以说，股市有些时候确实反映了经济基本面以及企业盈利状况。但这所谓的反映，并不是基于事实，也就是现在的情况，而是基于投资者对于未来的预期。就如同"二战"前两年的美股，虽然经济及企业盈利都受益于战争，股市当时的基本面非常好，但战争导致的对于未来的担忧，使投资者仍然不会买入目前基本面看起来很好的股票，从而形成便宜股票遍地的局面。有些读者这时可能就会想起一句名言：当别人恐惧的时候贪婪，当别人贪婪的时候恐惧。实际上，这句话只有在回过头去看历史的时候才有效。当一切都已尘埃落定时，看到的都是确定性，都会觉得当时的恐慌没必要，当时的贪婪不应该。但当人们处在历史的当下时，没有人知道历史的车轮会开向何方，当时的恐慌自然有恐慌的道理。假设美国当年参加"二战"后并没有取得最终的胜利，那现在的世界可能将完全不同，更不用说区区股市。当然，历史是不存在假设的，也就没有必要深入讨论。回到股市，只有当新的信息产生，人们有了新的判断、新的预期时，股市才会有新的方向。从这个角度来说，历史不是预测出来的，而是创造出来的，股市也是同样道理。股市也是不可预测的，都是随着一系列事件的发生，在投资者走一步看一步的过程中逐渐形成的，有着很强的路径依赖。

关于股市是否可以预测的问题，相信一部分股票大师持不同观点。如果股价不能预测的话，相信会砸了很大一部分人的饭碗，毁掉一部分投资者的美好愿望。

要理解股价不可预测性，首先要理解金融市场的有效性。这其中就分弱有效、半强有效及强有效。第一种，弱有效，是指未来价格不能通过分析过去价格得出。从专业角度来解释，就是股价波动完全是随机漫步（random walk）。股价的下一步走势，完全和之前的走势无关，是随机的事件。如果用一个随机数生成的股价序列，完全可以媲美一个真实的股价图。若从通俗的解释来说，也就是股民平时用的各种技术指标，分析各种形态，如头肩顶、箱体结构等，都属于分析随机变量的无用功。因为是随机事件，最后结果也都还是看运气。但是，在这种弱有效的市场，基本面研究仍然能够起到一定作用。

第二种，半强有效，是指价格完全反映全部公开信息。过去的价格也包含在这个公开信息的概念中，所以半强有效和弱有效是一种包含关系。半强有效中新的特征，就是股价会立刻对公开信息做出快速反应。这就意味着，根据公开信息来进行交易，不可能获得额外收益。例如，一家股价在每股 10 元的公司，公布一条价值每股 1 元的利好消息，股价立刻就从之前的 10 元升到 11元，也不会经历中间的 10.5 元或者 10.6 元，而是直接涨到 11 元，并且股价停在这个价格不变。但这种情况显然只存在于理论中的完美市场，在现实中并不会出现，或者说只能短暂出现。例如，除权日股价的下跌，以反映分红的影响，基本属于半强有效的情况。但这也仅仅停留很短的时间，随后股价又会进入充斥大量噪声的交易。市场上又开始出现各种信息，来影响每一个投资者对于公司价值的判断。这其中，可能有基于事实的消息，也会有各类主观，甚至哗众取宠的观点，从而形成大量杂乱无章的外力，推动股价形成像布朗运动一样的走势。

第三种，强有效，是指价格完全反映了公开信息及内幕消息。如果说第二类半强有效在现实中只能短暂出现，大多数时候只存在于理论中的完美市场，那么强有效则是完全不现实的，或者说是违反人性规律的存在。可以理解为，若在强有效市场中，投资股票的风险比银行存款还要低，却能带来高得多的投资回报。

所以，总结来看，市场中的多数时间，半强有效和强有效应该都是不存在的。股票市场以弱有效为主要表现形式。市场由人组成，是人就会有各种观点、各种交易，并且时刻都在变化。可以这么说，市场就是由各种噪声组成的，而噪声本身就没有对错。市场只是在噪声的合力下，随波逐流。当然，这里还要考虑标的的流动性。一般来说，流动性好的市场可以认为是弱有效的。而流动性不好的市场，或者说进入微观结构的市场，连弱有效都不复存在了。在这种情况下，或许还能通过对股价的分析进行一些概率层面的预测。但在平时我们接触的多数市场环境中，股价是不可预测的，越短期越不可预测。当然这个短期，仍然是宏观层面的短期，到了微观层面，还是有机会可以预测的。股价长期来看也是不可预测的。因为长期就意味着有新的信息和变化进来，就必须跟着这些新信息调整预测，那原来的预测就更加不靠谱了。**所以整体来看，股价就是不可预测的。**如果有人表示自己预测非常准确，曾经成功预测了市场各种类型的走势，甚至连具体的波动形态都能够预测，那只能说运气是出奇地好。当然，如果能利用一些文字游戏，说一些怎么解释都对的"正确的废话"，那就不单单是只靠运气了。例如，预测 M 型和 W 型的走势，其实永远都是对的，因为任何一段股价波动拿出来看，都可以近似地看成一个或多个 M 型或者 W 型。只是最后的涨跌却不是这些形态所决定的。

第五节
不可为而为之的一些方法

市场的弱有效性，表现在市场中各个参与者获取信息的速度不同，即使在信息高度发达的今天，也依然做不到同时获取信息。高频交易者不惜花重金打造服务器装备，就是为了可能更早 1 毫秒获得信息。另外，就是一个资本市场永远也解决不了的问题，即对价值的一致预期。对于一家公司，各种市场参与者对其价值都有各自的评估，不可能形成一致的、大家都同意的价格。甚至有些市场参与者，如 liquidity trader（流动性交易者）及 market maker（做市商），他们参与交易根本就不需要对内在价值进行判断。而股价的走势就是在各种参与者共同作用下的价格发现的过程，是有路径依赖的。在这个过程中的涨涨跌跌，可以说是噪声，但也是这个过程中必不可少的阶段。所以，价格对于价值的发现，不可能一步到位，但也不是纯粹的 random walk。我觉得一个更恰当的解释，可能是 random walk with trend（带趋势的随机漫步）。可以理解为，一个醉汉走路可能歪歪扭扭，找不到规律，但还是朝着家的方向走的，或者说朝着他认为的家的方向去的。所以我们的研究，尤其是自上而下的研究，不光要通过宏观分析，找到醉汉家的真正位置，还要充分尊重市场本身，通过恰当的策略，在醉汉混乱的步伐中，找到他心中那个家的位置，即使这个位置还时不时地在变换。

在通过宏观分析找到目前所处的各大经济周期的位置之后，就要通过合适的策略来重点考虑流动性的问题，这也是造成市场波动背离经济周期的主要因素之一。很多宏观层面的流动性指标都是滞后指标，所以可以判断过去一段时间的流动性情况。那如果流动性有趋势，就可以用来判断趋势。但如果某段时间流动性的趋势并不明显，那么我们就需要一些更加领先或者实时的市场指标来代替。一般宏观主导的流动性变化都是一个中长期的过程，例如美国的货币政策。多数情况下，加息或者降息的方向确定了，都会持续一段时间。当然，这中间并不是方向就一成不变了，市场也会根据经济的走势、自己的判断来改变方向。美联储也会通过各种渠道来引导市场的预期。很多时候，美联储更希望通过引导市场预期来达到政策效果，而不是真实地使用手里的子弹。因为预期有自我实现的功能。比如，美联储如果能够成功引导市场对通胀预期的上升。那市场就会因为通胀预期而增加投资及消费，增加了的经济活动刺激了就业市场，提高了工资，通胀可能就真的来了。但难就难在，市场是有智商及情绪的，很难你说什么就信什么，因为信错了，最后还是要市场自己买单。所以，现在美联储基本上还是实事求是的，不然"狼来了"喊多了，失去了信用，当狼真的来了的时候，就带不动市场的节奏了，就会大大影响政策效果。

当然，能够真实落地的政策，对市场预期的引导一般是最强的。

流动性判断的是水流，之后我们就要从估值角度来判断一下水位。有人会说，估值要看未来的成长性，高成长就意味着高估值。没错，但这仅仅是估值模型中的分子。而实际上，对估值影响更大的，或者说，对高成长估值影响更大的，是在分母位置的无风险利率。这也就是为什么，我们说经济不好，通胀下行，很多成长股表现比较好，相反，经济复苏，通胀上行，成长股反而没有一些价值股来得好，这其中主要就是估值中的无风险利率在作怪。另外，除了用各种模型推算的估值外，市场上通常还用相对估值，就是行业中相似公司的估值相近。如果估值差异变大，可以套利。很多人就专门做套利，比如阿迪达斯股票和耐克股票套利、可口可乐和百事可乐套利、港股存在 AH 套利等。另外，对于业务范围较广且差别较大的公司，可用 SOTP（Sum of the Parts，分部估值法）来估值，就是将各个业务分别估值，然后再整合成一个估值。当然，估值高低也是一个动态变化的过程，不一定存在均值回归，不一定在高位就要回落，在低位就要上升，还是要结合公司本身的特性、成长趋势、流动性环境等一系列因素综合判断。就像 2008 年至今，全球价值股的估值就在 10～15 倍之间波动，任各大央行再怎么放水也不顶用。那么用估值上下限来判断是比较好的策略。但是全球成长股的估值 2008 年后也是在 10 倍左右，现在已经超过 30 倍。如果到 15 倍时就卖了，即使在当时已经是估值的上限了，那现在来看可能就是一个失败的策略。有人喜欢用市净率（PB）是否低于 1 倍来作为一个比较确定的估值依据，但账面价值（book value）是否真实，以及未来是否存在下调风险也是需要考虑的问题。有些公司 PB 长期低于 1，总有低于 1 的理由。还有人喜欢用股息收益率（dividend yield）作为一个估值判断依据，这也需要因时制宜。毕竟，股票不是固定收益，股息（dividend）也不是利息（interest），并没有说一定会给你，并且一直给那么多。最后，就涉及支撑估值的重要因素——盈利。这里我们可能更看重盈利增速。就像很多人认为的，一般来讲，盈利增速高的，估值较高；盈利增速低的，估值较低。但也有特殊情况，比如有些公司是行业的绝对龙头，行业壁垒又高，赛道又好，短时间不会被淘汰。这些公司可能盈利没有增速，或者就和通胀差不多，但可能市场也会有几十倍的估值。对于一些还没有盈利的公司，也可能用销售收入、市场份额、用户数量等其他指标代替。

第六节
简单分类

总结来看，市场中的股票多种多样，若以 Alpha 为横轴，Beta 为纵轴，我们可将不同市场特征的股票分成了 4 个象限，不同类型适合不同的研究方法。

高

第二象限：低Alpha，高Beta。
特征：经济的中流砥柱，行业走势多为经济形势的直接产物，个股之间差异较小。多为大市值行业，指数占比较高，因此与指数走势差异较小。
研究方法：以判断系统性风险为主，对经济周期需有准确把握。
行业举例：金融、能源。

第一象限：高Alpha，高Beta。
特征：行业处在迅速发展阶段，但体量较大，行业发展与经济增长密不可分。因此存在超额收益，但也受经济周期影响较大。
研究方法：自上而下与自下而上紧密结合。
行业举例：就像过去的房地产、汽车，未来可能是互联网巨头。

低

高

第三象限：低Alpha，低Beta。
特征：行业处在平稳或下行周期，股价随着盈利下滑而走弱；低Alpha 的同时，相对指数的波幅也较小。
研究方法：以寻找安全边际为主，准确找到估值上下限。
行业举例：传统消费、公用事业、电讯。

第四象限：高Alpha，低Beta。
特征：行业处在高速发展期，个股走势与基本面长期高度正相关，与宏观等系统性因素相关性较低。
研究方法：以公司基本面研究为主，判断细分行业发展空间。
行业举例：硬科技、生物医药。

低

第五章

中美股市流动性情况对比

第一节
美股流动性情况概览

通过第二章历史各个阶段美股走势的分析，可以看到，其实一个国家的股票市场走势，在初期或许可以被称为"经济晴雨表"，也就是股价走势的主要驱动因素为基本面因素。而在中后期，也就是"二战"之后，经济周期可能反映了美股市场的波动情况，但作为美股长期的走势，经济层面，或者说基本面并不能解释其长牛的原因。用美股危机派的言论来说，美股早已脱离了基本面。这也就是过去十年，每年都有人要喊一遍"美股危机"的言论。但美股更多的时候，是随着经济周期波动，或者说美联储政策的变化，呈现小跌大涨、快跌慢涨趋势的，并没有形成真正的危机。即使 2020 年新冠疫情爆发，美股大幅下跌让很多预言家兴奋不已，就好像真正引起下跌的不是新冠疫情，而是他们，美国经济亦出现衰退，美股也在一个月后"满血复活"。这时候，不能通过"经济晴雨表"的理论来解释。一般分析股票，往往从两方面来进行解释：基本面以及流动性。流动性应该是在近十年影响美股最主要的因素。对美股来说，美国在"二战"之后建立的霸权地位，美元取代黄金形成的世界货币地位，可以通通转化为美股独特的优势，但这种优势并非体现在基本面上，我们可以将其归类为流动性方面的优势。而这种流动性优势，就转化为美股的估值溢价。从全球主要股市的估值来看，可以看到，美股长期处于领先地位。

美联储基本架构

美联储作为美国的央行，掌握着全球最大的"水泵"，自然是影响美股流动性的最主要因素。美联储全称为美国联邦储备系统，主要由联邦储备委员会、联邦公开市场委员会、联邦储备银行及 3 000 家会员银行组成，共同构成了美国的中央银行体系。

联储会（联邦储备委员会）是美联储主要的管理机构，共由 7 名执行委员组成，包括主席、副主席及其他 5 位委员。7 名委员必须全部由总统提名，经过国会确认后才能上任，批准任期 14 年。

联邦公开市场委员会（Federal Open Market Committee，FOMC）是美联储最重要的职能部门之一，其主要的工作是决议和执行公开市场操作，是美国货币政策的决策机构。FOMC 每年召开 8 次议息会议，在每次会议上设定并公布联邦基金目标利率，后通过公开市场操作调节货币供应，实现目标利率。FOMC 共由 12 名委员组成，包括 7 名联储会委员、1 名纽约联邦储备银行行长，另外 4 个委员由其余 11 个联邦储备银行行长轮流担任。在担任委员期间，联邦储备银行的行长与联储会委员（包括主席）拥有同等的投票权。也就是说，美联储主要的货币政策是由联储会和联邦储备银行共同参与制定的，从而避免权力过于集中于联储会。

美联储目标

1977 年，美国国会修订了《联邦储备法》（Federal Reserve Act，FRA），明确了美联储货币政策的目标，即"以有效地实现充分就业、价格稳定和适度长期利率为目标"。由于在一个较低通胀预期的稳定经济体中，长期利率能够处在一个合适水平，因此，该政策目标实际上只包含了两个最重要使命，即充分就业以及价格稳定。这也被称为美联储的双重目标。但由于美联储实际上难以直接控制以上的最终目标，因此需要转向货币政策工具能够相对容易操作的中间目标，如货币供应量、短期利率等。美国从 1975 年开始以货币供应量为主要中间目标，并在 20 世纪 80 年代初的恶性通胀环境下达到顶峰。但随着其后金融环境的变化，美国货币供应量与经济增长的相关性下降，80 年代后期美联储开始逐渐弱化货币供应量的重要性，取而代之的是联邦基金利率。联邦基金利率（Federal Funds Rate）是指美国银行间的同业拆借隔夜利率，其能够有效影响其他短期利率的走势。事实上，如今美联储制定货币政策时，并不会再如之前只钉住单一货币供应量的方式进行，而是形成以联邦基金利率为主，同时考虑货币供应量、中长期利率、汇率等多种变量的综合中间目标。

美联储货币政策的传导机制

美联储通过公开市场操作来达到联邦基金目标利率。公开市场操作是美联储最主要的货币政策工具之一。在 FOMC 会议上制定的目标利率以及公开市场操作方针，接着由纽约联邦储备银行执行操作。其操作通过与主要的政府债券交易商（primary dealers）完成，以调节货币供应。买入操作时将资金注入金融体系，导致联邦基金利率下行，是一种宽松措施；卖出操作则将资金抽出，导致联邦基金利率上行，实现相反的收缩效果。2008 年以前，美联储主要在联邦基金市场通过公开市场操作来调节准备金规模，以达到控制联邦基金利率的目标。2008 年金融危机之后，由于美联储资产负债表的急剧扩张，银行体系内的准备金也变得过于充足，导致银行间同业拆借利率对于美联储的操作敏感性下降。此后，美联储开始启用利率走廊的框架来控制联邦基金利率。

以紧缩的货币政策为例，联邦基金利率上行，将带动其他短期市场利率同样上扬，导致货币增速下降，最后带动长期利率的上升。在资金需求方面，较高的利率水平意味着企业融资成本的上升，从而抑制了企业投资需求，也降低了居民购买房屋以及可选消费品的需求。在资金供给方面，紧缩性的货币政策同样使银行因资金成本提高及企业信用风险提高而减少放款意愿。其他非银行金融部门与企业之间的借贷活动同样会因银根紧缩而减少。较高的利率水平以及较低的货币增速，也可以通过对资产价格的影响来调节经济活动。利率水平上升通常导致资产价格下跌，从而使居民财富缩水，企业资产负债表恶化，最终削减企业及家庭部门的支出。另外，紧缩的货币政策将会使美元的利息回报上升，进而导致外资流入，推动美元升值。美元升值将促进美国进口，抑制出口，扩大贸易逆差，对经济产生负面影响。美元升值所导致的进口价格下降，也有助于改善国内的通货膨胀。以上是以紧缩性货币政策为例，反之，若美联储采取宽松货币政策措施，其影响则呈现反向变动。总结来看，美联储货币政策，通过影响货币的需求、供给、资产价格以及汇率等多个方面来调节经济活动，最终使就业、物价等美联储货币政策的最终目标发生改变。

美联储货币政策对美股的作用过程

货币政策对美股的影响，主要通过资产价格的途径产生，对美股流动性直接产生影响，反应快速且剧烈。当然，传导机制中的其他各个方面，如居民消费需求、企业借贷等，都会对美股产生一定的间接影响，这种影响主要体现在基本面上，反应通常缓慢且温和。

根据货币政策的传导机制，美联储对资产价格的影响，可以概括为美联储调高基准利率，流动性收紧，资产价格下跌；美联储调低基准利率，流动性宽松，资产价格下跌。基准利率与资产价格呈负相关性。这套规律，可以很好地体现在各种固定收益市场。例如，如图 5-1 所示，在加息阶段，国债收益率上升，国债价格下跌；在降息阶段，国债收益率下跌，国债价格上升。这是因为，固定收益类的资产，未来的利息收益是固定的。当货币政策变化带来的资金成本发生改变时，只能通过改变现价来调整收益率，以反映资金成本的变化。

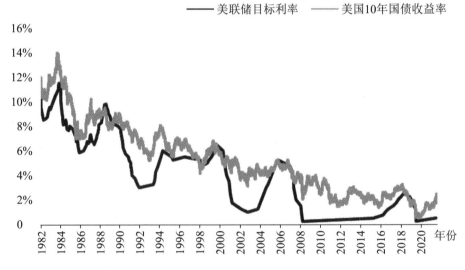

图 5-1　美联储目标利率与国债收益率走势（1982—2022 年）

（数据来源：Wind）

但这套规律却不适用于股票市场。与债券这种固定收益类的资产不同，股票属于权益类资产，其特征之一就是未来的收益是根据公司盈利能力而变化的。因此，股票的收益率不仅取决于现价，更取决于企业未来的（实际或者预期）盈利能力。这也就导致了，当货币政策变化带来资金成本改变时，股票的收益率变化不仅可以通过改变现价实现，也可以通过改变盈利实现。**由于多了盈利这个变量，股价与基准利率之间的负相关性大幅下降**。例如，在加息阶段，如果公司盈利出现了大幅增长，股价不用下跌也可以实现股票收益率的上升，从而抵消资金成本上升所带来的负面影响；在降息阶段，如果公司盈利出现了大幅下降，股价即使没有上升也会出现股票收益率的下降，同样抵消了资金成本下降所带来的正面影响。由于企业经营的不确定性所带来的盈利波动要远高于利率的变化，企业盈利实际上成为决定股价最主要的因素。这也就是许多自下而上的价值投资者，并不在意宏观环境的变化，只关注公司基本面研究的原因。

加息周期与美股的关系

具体到美股市场，从历史数据来看，美股的表现和美联储的货币政策之间并没有明显的、稳定的负相关性。通俗来说，在加息阶段，美股不一定下跌；在降息阶段，美股也不一定上涨。

从美国 20 世纪 70 年代以来的历次加息阶段可以看到，如图 5-2 所示，标普 500 指数涨跌均有，反而以上涨居多，平均涨幅为 6.5%，累计涨幅 161.7%。尤其在 90 年代以来的 5 次加息阶段，标普 500 指数平均涨幅达到 23.5%，累计涨幅达到 117.7%。仅 1999—2001 年的加息阶段后期遭遇了互联网泡沫，导致标普 500 指数达到 6.5% 跌幅，但在其余加息阶段均呈现较大涨幅。

将股价分解来看，加息阶段美股上涨的主要动力，来自盈利的增长。从 20 世纪 70 年代以来的历次加息阶段来看，如图 5-3 所示，标普 500 指数平均盈利增长达到 11.8%，累计盈利增长达到 294.0%。尤其是 90 年代以来的历次加息阶段，标普 500 指数盈利全部得到较大幅度增长。加息阶段股票盈利的持续增长，主要得益于加息阶段所处的经济周期，大多属于经济复苏的后期，以及经济过热的早期，需求仍然处在扩张阶段，带动企业盈利的增长。此时的就业市场大多已接近或达到充分就业，通胀也已达到目标水平。美联储为防止经济继续走向过热，通胀进一步上行，开始进入加息周期。

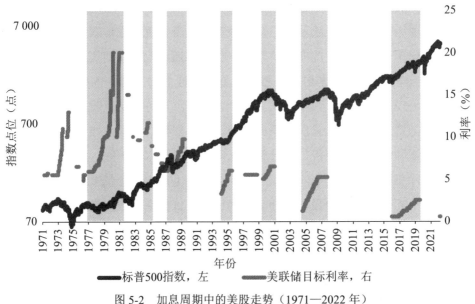

图 5-2　加息周期中的美股走势（1971—2022 年）

（数据来源：Wind）

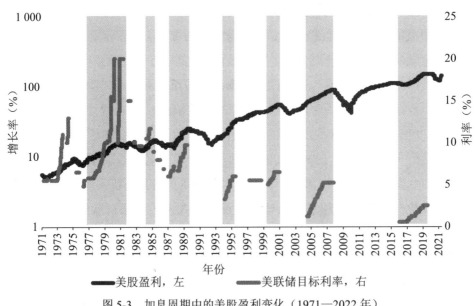

图 5-3　加息周期中的美股盈利变化（1971—2022 年）

（数据来源：Wind）

　　而加息对股价的负面影响，主要体现在估值上。历次加息阶段，标普 500 指数市盈率平均收缩 2.7%，累计收缩了 67.3%。估值的收缩，也就意味着股票的风险溢价（市盈率的倒数，E/P）上升，即股票收益率的上升。只有这一部分才体现了加息对于美股流动性的影响。但加息带来的流动性收紧，并不必然导致股价下跌。若美国经济仍处在扩张周期，美股盈利的大幅增长足以抵消流动性收紧带来的负面影响，带动股价上涨。

降息周期与美股的关系

从美国 20 世纪 70 年代以来的历次降息阶段可以看到，如图 5-4 所示，标普 500 指数平均涨幅为 11.7%，累计涨幅 303.1%。无论从平均涨幅还是累计涨幅来看，均高于加息周期。90 年代以来的降息阶段，标普 500 指数平均涨幅达到 30.4%，累计涨幅达到 182.7%，亦大幅高于同一时期的加息阶段。因此，美股在降息阶段较加息阶段更加容易出现上涨。

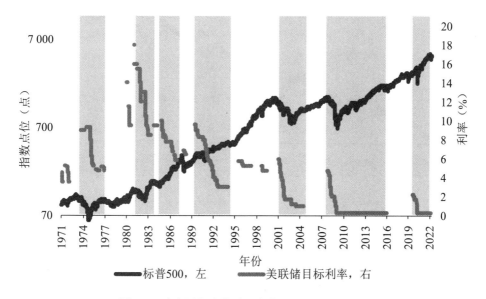

图 5-4　降息周期中的美股走势（1971—2022 年）

（数据来源：Wind）

同样将股价变动分解，可以看到降息阶段美股上涨的主要动力，已经从盈利的增长转变为估值的扩张。从 20 世纪 70 年代以来的历次降息阶段来看，标普 500 指数市盈率平均扩张 7.3%，累计扩张了 188.9%。美股估值出现扩张，导致股票收益率下降，是对降息阶段流动性宽松的正常反应。

历次降息阶段，如图 5-5 所示，标普 500 指数平均盈利增长 5.0%，累计增长 129.3%。可见，降息阶段盈利同样能够保持增长，但涨幅不及估值扩张的幅度，也不及加息阶段盈利增长的幅度。降息阶段盈利增幅下滑，主要原因在于降息往往开始于经济增速出现下降，经济衰退风险上升，或是危机爆发的初期。企业盈利增速开始下滑，甚至出现亏损。此时，美联储为避免经济进一步衰退，刺激经济复苏，则开始采取宽松的货币政策，直至失业率下降，通胀回升，经济复苏企稳。因此在降息阶段的后半段，企业盈利增速会出现一定程度的恢复。但由于前期衰退时盈利下滑，导致整个降息阶段，盈利呈现先降后升趋势，整体增速仍然较低，不及加息阶段的盈利增速。

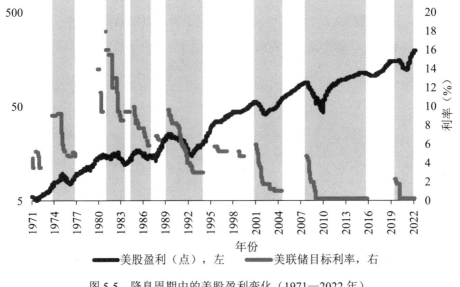

图 5-5　降息周期中的美股盈利变化（1971—2022 年）

（数据来源：Wind）

总结来看，如图 5-6 所示，美股无论在加息还是降息周期都能够上涨，只是上涨的主要驱动力有所区别。加息阶段，上涨的主要驱动力为盈利的增长；降息阶段，上涨的主要驱动力为估值扩张。美股下跌，往往集中发生在降息周期的前半段，主要是由于经济衰退或者经济危机导致的盈利大幅下跌，如图 5-7 所示。但随着经济的企稳、盈利的复苏，在降息周期的后半段，美股又能够在估值和盈利的共同带动下重回上涨。因此，美股能够呈现牛长熊短、慢牛快熊的特征。

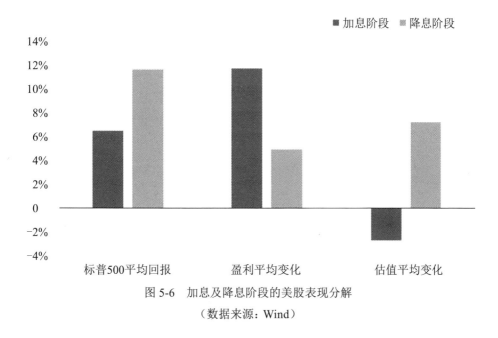

图 5-6   加息及降息阶段的美股表现分解

（数据来源：Wind）

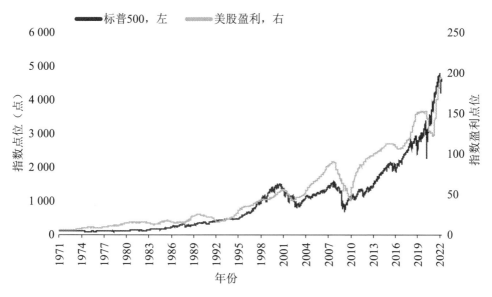

图 5-7   美股走势与美股盈利（1971—2022 年）

（数据来源：Wind）

长期流动性环境

美联储货币政策在紧缩与宽松之间反复转变，是引起美股流动性周期变化的主要原因。但如果我们跳出一个个具体的加息以及降息周期，可以清楚地看到，如图 5-8 所示，自 20 世纪 80 年代以来，美国实际上处在一个大的降息周期中。而所谓的加息周期，只是这个长期降息趋势中的几段波动。因此，从长期来看，美股所处的流动性环境是宽松的，这也是美股能够呈现长牛的重要原因之一。当然，美元的全球霸主地位，也是美联储可以实行长期宽松政策，却没有引起美元崩溃、引发恶性通胀的重要保障。换作世界上其他任何一个国家，都没有能力主动实行这种长期的宽松政策，只能跟随美联储的脚步，被动地接受全球货币超发的现实。美股享有独特的美元宽松流动性环境，导致美股的长牛走势也是独一无二的，至少在目前，该种模式难以被其他国家股市所复制。

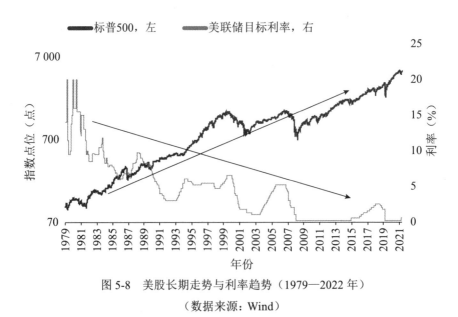

图 5-8　美股长期走势与利率趋势（1979—2022 年）

（数据来源：Wind）

美元指数长期坚挺

美元汇率的持续坚挺，也是支持美股长牛的基础。按照一般的汇率与利率理论，美联储长期的宽松环境，容易使美元指数一路走弱。美国处在长期的降息通道，将使海外货币的利息回报相对更有吸引力，利差扩大，导致美国资本外流，带动美元贬值。但事实上，即使美国利率持续走低，美元指数也会周期性地波动，但波动中枢基本稳定，并未跟随利率出现趋势性的下跌。

在全球贸易体系上，美国在"二战"后牢牢把握国际贸易的规则制定，建立 WTO 等各种贸易组织，形成对美国更加有利的贸易条件。1971 年，布雷顿森林体系瓦解，导致美元与黄金脱钩，但美元作为全球最重要的储备货币的性质并未改变，美元的美金性质已经形成。美元与黄金的脱钩，反而使美国在全球建立起了一个更完整的美元本位制，从而将美元作为美国在全球一切消费以及债务的支付手段。

"二战"以后，美国作为唯一没有遭受战争创伤的大国，事实上成为全球商品的主要消费市场。从国际收支数据来看，美国在 1976 年以前，还能够维持经常项目顺差，即出口大于进口。但随着美元本位的形成，美国经常项目就转为逆差，并且逆差持续扩大，这意味美国在全球用美元消费的时代开始。2006 年，美国经常项目逆差达到 8 000 亿美元，占当年美国 GDP 的 5.9%。2020 年，美国逆差也在 6 000 亿美元，占当年美国 GDP 的 3.0%，如图 5-9所示。

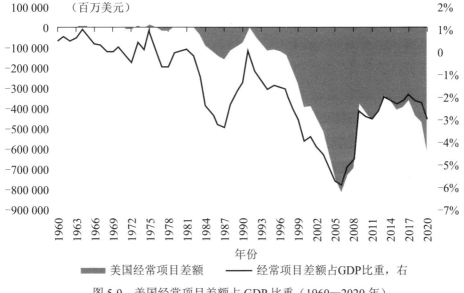

图 5-9　美国经常项目差额占 GDP 比重（1960—2020 年）

（数据来源：Wind）

113

一方面，美国通过降低国际贸易壁垒，从战后重建的欧洲及日本等国大量进口商品。来自美国的需求也能够带动这些国家战后的经济复苏。另一方面，许多发展中国家在战后也急需发展本国工业，但又极度缺乏资金以及本国消费能力。来自美国的需求正好能够填补这一空白。发展中国家通过向美国大量出口，既赚取了外汇资金，又克服了国内消费能力不足的短板。这种贸易结构在当时的环境下可以说是一种双赢的策略，加速了全球化的进程。美国自然可以继续在以美国市场为中心的全球贸易中推进美元的全球化，进一步加强美元本位制。尤其是在石油美元出现后，**美元也成为国际贸易中主要的计价以及交易货币**。如此一来，即使没有美国参与的国际贸易，依然是采用美元进行计价以及交易。在国际贸易及国际借贷中形成的欧洲美元市场，其规模已经接近在岸美元市场的规模。而全球各个商品及服务净输出国，在不平衡的国际贸易结构中积累了大量的美元，**这又加强了美元的储备货币属性**。如图5-10所示，截至2021年9月，美元在全球已分配的外汇储备中占比59.2%，虽然已较高峰时期有所下降，但仍占绝对主导地位。各国持有的美元再通过资本和金融账户，回流到美国的资本市场，主要是国债市场，消化了美国债务增长的压力，压低了美元的长端利率，使得美国的货币环境持续宽松，增强了对美国本土经济的刺激效果，导致美国的需求进一步旺盛，带动进口贸易的增长。如此就形

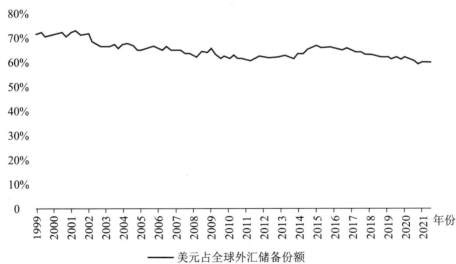

图5-10　美元在全球外汇储备中的占比（1999—2021年）

（数据来源：Wind）

成了美元全球循环的正反馈，使得即使在美元流动性长期宽松的环境下，美元的需求也得以持续增长，保障了美元汇率波动中枢的稳定。

美元在国际贸易中的重要地位，也衍生出各国，尤其是对美国有大量出口的发展中国家，对美元汇率存在稳定的需求。因此，许多国家采取锚定美元的汇率政策；也有部分国家采取以美元为参考的、有管理的浮动汇率制度。这就使这些国家的央行在一定程度上被美联储绑架。尤其在资本账户管制较为宽松的国家，基本就丧失了本国的货币政策自主权。在美联储实行宽松货币政策时，汇率锚定国家也会同步实行降息等操作，这就使美元汇率仍然比较稳定。美联储降息往往发生在危机爆发时。危机的溢出效应对这些与美国深度绑定的国家可能产生更大的负面影响。因此，这些国家有可能会采取比美联储更加宽松的政策来应对危机。这就使这些国家的货币相对美元更加贬值，反而使美元汇率出现升值。

美元作为全球贸易的主要支付手段，全球主要的储备货币，以及多国采取的美元锚定政策，使得全球美元的需求基本能够跟随美元供给同步增长，保证美元指数的波动中枢的大体稳定，美元汇率不会跟随美元利率的走低而趋势性下跌。美国增发的流动性在经过国际大循环之后，最终也会回到美国。而美元通过经常账户逆差流出美国，再经资本与金融账户回流美国金融市场的循环方向，使得美股最终成为美元的主要蓄水池之一，如图 5-11 所示。

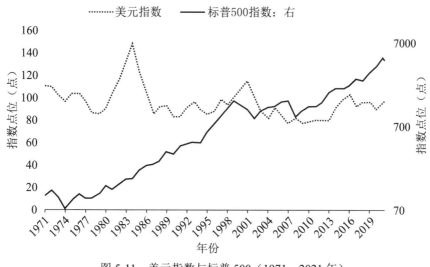

图 5-11　美元指数与标普 500（1971—2021 年）

（数据来源：Wind）

第二节

A 股流动性情况概览

我国股票市场建立时间不长，但在这短短几十年时间内，由于我国的经济发展快速经历了多个阶段，相应的外汇政策、货币政策框架在此期间都发生了较大变化，A 股所处的流动性环境及其影响因素也随之出现改变。与美股情况略有不同，我国央行的货币政策虽然也是影响 A 股流动性的最主要因素，但其作用效果需要结合我国经济发展方式、国际资金流向、汇率政策等的转变进行综合考虑，而不能单单只看货币政策的表观操作。我国货币政策对 A 股流动性的作用机制相对美股来说更为复杂。

我国的货币政策框架演变

随着我国的货币政策框架演变，在不同经济发展阶段，货币政策对 A 股流动性的影响也在发生改变。我国早期主要通过调整存贷款基准利率的方式，来改变货币政策的宽松程度。基准利率是指央行公布的商业银行存款、贷款等业务的指导利率。基准利率为法定利率，由央行根据经济情况设定，相对缺乏市场化的形成机制，对市场流动性变化反应比较迟钝。随着利率市场化改革的逐步推进，央行进一步完善了贷款市场报价利率（Loan Prime Rate, LPR）形成机制，以取代存贷款基准利率。LPR 是通过市场化的方式，基于中期政策利率报价加点形成。我国央行通过完善以中期借贷便利（MLF）利率为中期政策利率，从而形成从政策利率到 LPR 再到实际贷款利率的市场化货币政策传导机制。此外，我国央行明确以公开市场操作（Open Market Operation，OMO）利率为短期政策利率，引导银行间市场存款类机构 7 天期回购加权平均利率（DR007）为代表的市场利率围绕短期政策利率上下波动，从而调节金融机构的流动性预期，保持货币市场利率平稳。

2000 年以前

在股票市场建立之初，我国央行在 1993 年才正式脱离了计划经济时代的央行与商行融为一体的体制。1995 年，《银行法》的颁布，才正式确立了中国人民银行央行的地位。此后，央行才开始发展银行间市场的运行，以市场化的公开市场操作取代了贷款限额控制。1997 年，中国人民银行在上海建立全国性的银行同业间拆借市场，开办了银行间债券回购业务。1998 年，央行彻底取消了对商业银行的贷款规模管理，进入现代意义上的货币政策框架。公开市场操作逐渐成为央行主要的货币政策工具，同时结合存款准备金率、再贴现等工具。当时的公开市场操作方式有限，主要集中在逆回购和现券交易上。虽然公开市场操作使银行间回购利率和现券买卖利率实现市场化，但在当时的货币政策框架下，短端货币政策操作目标与市场实际利率之间也相距较远，难以有效调节短期利率。另外，金融机构的存贷款利率都受到严格管制，同样也使短期利率变化难以向长端传导。货币政策的传导机制还未形成。在这一时期，实际起作用的利率，仍然是存贷款基准利率，并受央行直接调节。

在此期间，我国经历了亚洲金融风暴，以及国企改革引发的下岗潮，使得经济增长乏力，在 1998、1999 连续两年进入通缩，在 2002 年又再次进入通缩。为了应对危机，自 1996 年 5 月开始，我国央行连续 8 次降息，一年期贷款利率从 1995 年 7 月的 12.06% 降至 2002 年 2 月的 5.31%。存款准备金率由 1988 年 3 月的 13% 下降至 1999 年 11 月的 6%。在这一经济明显走弱的通缩时期，在宽松货币政策支持下，我国股市仍然是上涨的。自 1996 年 5 月到 2002 年 2 月期间，上证指数累计涨幅达到 121%。若从有估值数据 1998 年 3 月开始计算，此轮降息阶段上证指数涨幅达 26.4%，其中估值扩张 18.9%，是推动股市上涨的主要动力。可见，通过降息降准，即使面对危机，仍然能够推动我国股市上涨。

2001—2005 年

自 2001 年加入 WTO 后，中国出口导向型的经济模式得到快速发展，经常账户的顺差持续扩大，导致大量外汇流入。我国自 1994 年改革外汇体制，开始实行强制银行结售汇制度（直到 2007 年）。出口企业收到外汇后通过商业银行兑换成人民币，商业银行再与央行统一结算。在这一过程中，央行需要通过投放人民币来兑换商行手中的外汇，这就导致基础货币的增加。此时，为对冲外汇占款的增加，央行开始通过公开市场操作方式回收流动性。当时由于央行持有可用债券数量不够支持持续的正回购操作，央行自 2003 年开始，采用发行央行票据的操作来回笼基础货币。但一些定向发行的央票带有一定的行政控制，随着央行票据发行规模的逐渐扩大，也对我国货币市场的利率带来一定的扭曲，令利率的走势难以反映真实的均衡关系。同样，为收紧货币政策，央行将一年期贷款利率从 2004 年 10 月开始上调至 5.58%，存款准备金率也在 2004 年 4 月及 2005 年 8 月分别上调两次，从 6% 上调至 7.5%，此时上调幅度仍然比较温和。

从 2001 年加入 WTO 到 2005 年汇改前的这一时期，外汇占款增加导致的基础货币投放虽然是被动的，但由于人民币汇率预期仍然比较稳定，这其中并没有多少外资热钱的参与，仍然属于出口创汇以及外商直接投资等与我国实体经济产出相一致的增长，并未有大量额外流动性产生。此时采取收紧流动性的对冲操作，并不是对冲了额外流动性，而是真实收紧了流动性，实际上是抑制了为满足我国经济增长所需的货币供应量提高，并未准确反映此时货币市场的真实供需情况。由此可见当时这种非市场化的货币政策框架的弊端。鉴于央行持续收紧流动性，2001 年 6 月到 2005 年 5 月，上证指数累计下跌 52.2%，主要是由于市盈率收缩 66.3%。

2005—2007 年

2005 年 7 月 21 日，央行宣布人民币不再钉住单一美元，开始实行以市场供求为基础，参考一篮子货币进行调节、有管理的浮动汇率制度。中国"汇改"迈出实质步伐。汇率制度部分放开后，人民币随后进入升值通道，意味着在中国基本面和汇率升值预期的带动下，外资热钱存在大量流入需求。汇改后，国际收支顺差进一步扩大，外汇占款也进入高速增长期。同样，为了加强对冲基础货币投放的效果，央行在继续发行央票的基础上，开始大举提高存款准备金率。2006 年 7 月至 2008 年 6 月，央行累计 19 次调升存款准备金率，从 7.5% 一路升至 17.5%。另外，2006 年 4 月至 2007 年 12 月，央行累计 8 次提高一年期贷款利率，从 5.58% 调升至 7.47%。

此时的货币政策，从表面上看，似乎进一步大幅收紧了流动性。但由于人民币在汇改后出现升值预期，为保证在外资流入的背景下人民币不会过快升值，从而引发衰退危机，此时我国的货币政策自主性是有所下降的。因此央行的收紧力度并不足以完全抵消从经常账户以及资本账户流入的外汇规模。也就是说，我国的货币市场在收紧流动性以及外汇占款大幅增加的综合作用下，其净效果仍然是宽松的。在该阶段，基础货币投放的规模仍然大于经济增长的实际需要量。所以，即使央行连续发行央票，上调存款准备金率和贷款利率，这期间央行的货币政策仍然是被动宽松的。从股市表现来看，上证指数从 2005 年 5 月到 2007 年 12 月，累计上涨 381.0%，其中估值扩张了 149.1%，成为主要贡献，盈利则增长了 93.1%。从这个阶段也可以看出，A 股的表现实际上已经逐渐开始受到国际金融环境的影响。

2008—2010 年

2008 年，美国爆发的次贷危机传导至中国。从 2008 年 9 月至 2008 年 12 月，央行迅速开启连续 5 次降息，一年期贷款利率从 7.41% 下降至 5.31%。同时，存款准备金率也从 17.5% 调降至 15.5%。同时，央行公开市场对冲操作力度亦相应减弱，以保证银行体系流动性。在实体经济层面，推出了"四万亿投资计划"，中国经济快速复苏。从 2008 年 9 月至 2010 年 10 月再次加息之前，上证指数上涨 51.2%，其中估值扩张 29.2%，盈利增长 17.1%。可见，在金融危机中的降息，仍然可以明显带动股市上涨。

2010—2012 年

由于在危机中，央行再次回到了钉住美元的汇率制，以稳定出口。在经过两年的复苏之后，央行于 2010 年 6 月 21 日重新启动汇改，回到有管理的浮动汇率制度，提高人民币汇率的弹性。之后人民币再次重启升值之路，外资也开始再度大幅流入。但本轮重启的汇改有一个明显的不同，即使人民币仍在继续升值，但央行已经开始减少汇市干预，允许人民币汇率更多地由市场供求决定，从注重稳汇率转向更注重增强中国自身货币政策的独立性。由于前期刺激政策所带来的副作用，2010 年及 2011 年通胀率分别高达 3.3% 及 5.4%。为抑制高通胀，央行在这一阶段的重点显然更加放在稳物价，而不是稳汇率上。因此，为对冲外汇占款的增加，央行再次通过大幅提高存款准备金率应对，并启动加息周期。2010 年 1 月至 2011 年 6 月，央行连续 12 次提高存款准备金率，从 15.5% 升至 21.5%。2010 年 10 月至 2011 年 7 月，央行连续加息 5 次，一年期贷款利率从 5.56% 升至 6.56%。而此次明显偏紧的货币政策，使得 A 股市场再次走弱。2010 年 10 月至 2012 年降息之前，上证指数下跌了 24.1%，其中估值收缩了 35.4%，盈利增长了 17.6%。从 2006 年及 2010 年两次汇改来看，同样的加息周期，不同的汇率政策，也可以导致截然相反的股市走势，这其中，稳物价还是稳汇率的选择起到了关键性的作用。

2012—2014 年

2012 年，随着前期刺激政策作用的减退，中国经济减速较快，资本账户流入外资开始减少。结合我国对外直接投资扩大，导致资本账户出现逆差。金融危机后，欧美经济复苏缓慢，也导致我国经常账户贸易顺差开始收窄，国际收支出现逆差，导致外汇占款出现下降。外汇流入作为我国货币供应主要来源的作用下降，银行体系流动性总体充裕的状况开始发生显著变化。此外，在 2013 年"钱荒"发生之前，我国影子银行和地方政府债务急剧扩张。各类传统贷款外的创新融资渠道快速发展，债务和杠杆水平持续较快上升，对银行体系流动性的需求大幅增加。银行系统流动性供给收缩、需求增加，此时海外流动性又因美联储释放缩减 QE 信号而出现收紧，推动了 2013 年 6 月钱荒爆发。在钱荒中，我国央行首次展现了去杠杆的尝试，希望以此来抑制金融机构过度扩张的资产以及房地产过热。鉴于外汇占款的流入减少，我国货币市场长期流动性偏宽松的大环境已经改变。为应对这一变化，钱荒后我国央行一方面继续进行去杠杆，抑制过快扩张的融资需求，另一方面开始主动开发新的货币政策工具来为银行系统提供不同期限的流动性。

2013 年以来，央行先后创设了 SLO（Short-term Liquidity Operations，公开市场短期流动性调节工具）、SLF、PSL（Pledged Supplementary Lending，抵押补充

贷款)、MLF 等多种货币政策工具,来主动调节基础货币投放,同时也增加了逆回购操作频率及规模。尤其是 2014 年 3 月 17 日以后,央行再次汇改,银行间即期外汇市场人民币兑美元交易价浮动幅度由 1% 扩大至 2%。中国央行基本退出常态式外汇干预。汇率的进一步放开,使得我国过去以外汇占款被动投放基础货币的方式发生了根本改变。中国央行开始推进货币政策框架从数量型向价格型转变,逐步构建"利率走廊 + 中期政策利率"的价格型调控机制。

2012—2014 年期间,虽然仍然出现数次降息降准,但由于基础货币产生方式转变导致的我国货币政策框架的大幅调整,这一阶段流动性整体仍是偏紧的。上证指数在这一期间由于估值收缩导致持续下跌。2012 年 6 月至 2014 年 4 月,上证指数下跌 11.2%,其中估值收缩 19.2%,盈利继续上涨 9.9%。

2014 年以后

2014 年开始,我国的货币政策框架从过去外生的外汇占款投放基础货币,转为内生的主动通过公开市场操作来调节实体经济资金需求,达到货币政策最终目标。而银行间的资金利率成了调控的主要中间目标,公开市场操作利率也成为短期政策利率,代表着央行货币政策方向。而存款准备金率的调整从这时开始,只是作为对冲外汇占款的变化,调节中长期的流动性支持工具,并不能准确反映央行的货币政策变化。同时,自 2015 年 10 月以来,存贷款基准利率再也没有调整过,可见已经脱离了新的货币政策框架体系。

2014 年 4 月至 2017 年 1 月,7 天逆回购利率持续下调,从 4.10% 降至 2.25%。2016 年投入运行的 MLF 利率也从 3.25% 降至 3.0%。可见这一期间货币政策主动呈现宽松来应对经济增速下滑。在这一时期,上证指数上涨 55.9%,其中估值大幅扩张 79.5%,盈利则首次出现下滑 13.1%。2017 年 2 月至 2019 年 10 月,我国进入加息周期。7 天逆回购利率从 2.25% 抬升至 2.55%。MLF 利率同步从 3.0% 升至 3.3%。在此期间,上证指数下跌 7.0%,其中估值收缩 19.8%,盈利恢复增长 16.0%。2019 年 11 月至 2022 年 2 月,我国又处在新一轮降息周期中。7 天逆回购利率从 2.55% 抬升至 2.1%,MLF 利率同步从 3.3% 降至 2.85%。在此期间,上证指数上涨 17.8%,其中估值扩张 5.0%,盈利恢复增长 12.1%。

转变

在 2014 年以前，A 股市场的估值变化与我国的货币政策并没有稳定关系。但从 2014 年后，我国开始采用自主的价格型货币政策框架，可以清楚地看到，A 股市场的估值变化与我国货币政策操作趋于一致。其中的原因主要在于，2014 年以前的政策框架仍然建立在外汇占款创造基础货币上，而这一过程是外生的、被动的。我们的货币政策操作更多的是从数量上回收过剩的流动性，但也并不意味着收紧流动性。就如 2005—2007 年，虽然我国连续加息和提高存款准备金率，但由于大量的外汇涌入，我国的货币市场流动性仍然是宽松的。当时的被动货币政策操作，并不能准确代表货币市场供应的情况，也就不能准确反映资本市场流动性的变化。2014 年之后，随着利率市场化改革的推进，早期的存贷款基准利率逐渐退出舞台。进一步完善的现代货币政策传导机制以公开市场操作利率和 MLF 利率为短中期政策利率，进而传导至 DR007 以及 LPR 等市场化利率，再影响实际贷款利率。此时的政策利率才能准确代表央行货币政策的方向及货币市场流动性的变化，同样也就反映了 A 股市场流动性的变化。就如 2017—2019 年，我国存款准备金率继续保持下降趋势，但实际上我国当时处在加息周期中，A 股市场流动性收缩导致估值大幅下降。因此，当我国货币政策能够准确反映货币市场流动性情况时，A 股的估值变化就会呈现与货币政策较高的相关性，即货币政策收紧，A 股估值下跌；货币政策放松，A 股估值提升。此外，A 股的行业结构仍然以周期股为主，而周期股对于利率的敏感性要高于其他行业，因此，A 股的股价走势也主要取决于受利率影响较大的估值变化。

第三节
中美股市流动性差异背后的原因

美联储的货币政策，最主要的参考因素就是美国经济所处的阶段。美联储货币政策的两个主要目标包括充分就业以及合理通胀。可以说，美国的货币流动性只对本国负责，并不需要过多参考其他国家的经济情况以及货币政策，并凭借美元全球霸主地位来影响全球的流动性情况，通过美元的全球大循环，最后将流动性带回到美元资产。而其他任何一个单独的经济体都不会对美联储货币政策产生明显影响。因此，美股所处的流动性环境拥有较高的自由度，主要是由美联储决定的。而美联储每次通过释放大量流动性来应对危机的方式，使得美股也长期处在宽松流动性环境之中。

由于我国经济发展阶段不同，我国的货币政策在不同时期的主要目标也不尽相同，有时需要为稳定汇率服务，有时是为了配合经济发展方式，有时又是为了促进经济结构调整。因此，在判断 A 股所处的流动性环境时，不应单单只看货币政策的表观操作，还需要结合其他因素考虑综合效果，关注货币政策的实际影响。但在任何一个时期，我国的货币政策都不会简单跟随美联储货币政策。美联储对我国货币政策有一定影响，但绝非决定性因素。此外，由于我国资本市场的开放程度还比较有限，外资能够投资 A 股的主要途径只有 QFII/RQFII[①] 以及陆股通等，因此，美联储货币政策变化对 A 股直接流动性的影响非常有限。因此，A 股的流动性环境也主要取决于我国央行独立的货币政策，而并非美国货币周期。由于我国仍在积极推进人民币国际化的过程中，人民币在国际上的信用地位是我国央行主要考虑的因素，也不会像美联储那样为市场注入无限的流动性，造成货币严重超发以及政府债务激增。因此，A 股整体不可能出现和美股一样的宽松流动性环境。

具体来看，从我国市场经济体制下的央行建立开始，我国的货币政策基本上经历了 3 个主要阶段的发展。第一阶段，在 2001 年我国加入 WTO 以前，虽然我国已经开始采取外向型的发展模式，通过出口创汇来带动经济发展，但在这一阶段，我国外贸规模整体不大，资本账户仍被较严格管制。因此，虽然采用了固定汇率制度，我国的货币政策仍有较大独立性。虽然美国 20 世纪 90 年代末进入加息周期，但为应对亚洲金融风暴的影响，我国仍然保持着独立的宽松货币政策。

第二阶段，在我国加入 WTO 到 2008 年金融危机爆发后。这一阶段，我国的货币政策在资本账户逐渐开放，从固定汇率过渡到有管理的浮动汇率制度

---

① QFII（Qualified Foreign Institutional Investor）为"合格境外机构投资者"的英文简称，是一国在货币没有实现完全可自由兑换、资本项目尚未开放的情况下，有限度地引进外资、开放资本市场的一项过渡性制度。RQFII（RMB Qualified Foreign Institutional Investor）为"人民币合格境外机构投资者"的英文简称。其中，R 代表人民币。

下，面临着大量外汇占款投放基础货币的流动性宽松环境。这一阶段我国的货币政策目标主要是冲销过度的基础货币供应，防止通货膨胀飙升，但又需要避免逐渐开放的汇率过快升值。因此，此时的货币政策只是有节制地部分冲销了过剩流动性，整体依然是宽松的环境。这一时期的货币政策主要是服务我国出口创汇型的发展模式，以及汇率政策的平稳过渡。虽然说央行是被动收回基础货币，但对于汇率及通胀之间的平衡，却是主动的货币政策选择。该期间持续提高的存款准备金率等回收流动性的操作，在综合考虑外汇占款增加后，也并不是紧缩货币政策的信号，而仅仅是为了不让流动性过于宽松导致的通胀风险增加。外汇净流入是这一时期的主要变量，并不会因为美联储的货币周期而改变。因此，我国的货币政策和美联储的货币政策之间并没有直接联系。可以看到，在美联储 2004 年加息之前以及之后，我国都在持续提高存款准备金率来冲销基础货币。只有在 2008 年危机爆发时，中美两国才从刺激各自经济的角度出发，同时采取了主动的宽松政策来应对危机。

第三阶段，危机后，随着我国国际收支逐步趋向平衡，我国的经济发展方式出现明显变化，基础货币产生的方式也发生了根本性的改变。我国开始进一步健全现代货币政策框架，完善以公开市场操作及多种创新货币政策工具来主动调节基础货币投放机制，推进货币政策传导机制从数量型向价格型转变。此时汇率逐渐进入合理区间，开始双向波动，央行逐渐退出常态式外汇干预。这时，我国经济已经进入了新常态，从过去的高速增长转变为高质量增长，需要主动推进经济结构调整，推动产业结构升级。这一阶段货币政策的主要目标已经不是冲销外部输入的额外流动性，也不是常态化干预汇率，而是根据我国经济所处周期、结构转型需求来提供合适的流动性环境。我国货币政策开始真正以我为主，独立性进一步增强。在这一阶段，中美货币政策有趋同的时期，也有趋异的时期，但我国货币政策整体还是按照我国的经济周期来进行调节的。此时，A 股的流动性环境与我国货币政策操作的相关性提高。适合我国经济周期的货币政策成为影响 A 股流动性的最主要因素。

第六章
中美股市投资者构成对比

第一节
美股投资者构成的演变及成因

机构投资者的真实作用

任何一个国家股市的发展，都遵循从没有规则到建立规则、从无序到有序的发展规律。而投资者结构的演变也是从以更无序的、散乱的个人投资者为主，逐渐转变为以更有序的机构投资者为主。其中，并非机构投资者有多高的专业技能，而是机构这种更加有序的组织形式，能够让股票市场投资的决策来自更少的决策者，从而减少噪声的产生，即使这些决策从平均上来讲，其明智程度并不一定比个人投资者的决策高明多少。举个极端的例子，如果将每个个人投资者看成一个水分子，一个市场全部由个人投资者构成，就像一碗水一样，而股票价格就像在这碗水中的微粒，在周围水分子的碰撞下，永不停息地做着无规则运动。在物理学上，这种运动称为布朗运动。就像水分子一样，每个个体在热力学的作用下，一直处在运动中。每个投资者，同样也受到外界各种刺激，产生自己的投资决策，对股价产生碰撞，使之波动。但每个个体对股价的影响，由于数量太多，方向杂乱，最终也会使股价波动变成布朗运动，没有方向，没有趋势。所有外力的作用，分散到每个水分子上，最终都变成股价波动的噪声。而这时候，如果在水中放入一只具有运动能力，但没有智力，只会对外界刺激做出简单反应的生物，如变形虫等原生动物，虽然所受的刺激相同，但在变形虫的作用下，微粒能够在变形虫运动时所形成的水流带动下，形成至少一段时间明确的运动方向。对股价来说，也就能够形成对外界反应的趋势，而非在无数水分子作用下的布朗运动。这也就是机构化能够带来的最主要好处。从风险回报的角度来说，也就是能够降低因无数个体的决策所造成的市场噪声，从而减少股价的波动率，提高风险回报，也就是提高夏普比率。

若单从机构投资者的股价回报来看，实际上，已经有很多研究证实，主动型基金的长期回报并不能够跑赢市场。从概率分布来解释，基金表现也存在长尾效应，每年都有一小部分基金有比较好的表现，但从平均回报来看，是不如市场整体的。而且由于幸存者偏差的作用，实际投资的回报要比统计数字更差。有人可能会提出，只要不买过去表现不好的基金，只买那些处在头部的表现最好的基金，就能解决这一问题。但现实中这样并不可行，因为每年表现最好的头部基金基本是不同的。很多基金仅仅是因为偶然因素获得了当年较好的收益，却并没有持续性。也就是说，基金现在的表现也不能够代表其未来收益。这也就是我们为什么要说长期表现，因为需要排除某一年，某些基金因重仓抱团热门行业，而表现特别好所产生的假象。就如 2020 年，部分基金抱团重仓白酒，不但推高了该行业的股价，还有这类基金当年的业绩。但这种短期快速上涨的情况始终是难以持续的。当抱团瓦解的 2021 年，这类基金就难以维持较好的业绩。好一年差一年的现象在基金行业比比皆是。今年的明星基金，明年就可能销声匿迹，而明年可能又有一些踩中新热点的基金脱颖而出，然后再将凭运气赚的钱，凭本事还回去。如此往复，就形成了长期基金表现难以跑赢市场的现象。

基金行业中出现巴菲特是小概率事件，行业整体仍然难以跑赢市场。普通投资者买入的基金跑赢或跑输可能只是一个概率问题，而非能力问题。即使我们最津津乐道的投资大师巴菲特，他超过 20% 的长期年化回报，也可能只是一种概率的结果，只是产生这种优秀结果的概率非常小。如果把巴菲特这个个体看作一次独立重复实验的一个样本，而整个样本空间可能是无数个当年和他看起来一样优秀的基金经理，但最后产生的巴菲特，以及和他一样有着长期优秀表现的人，可能屈指可数。这样小概率的结果，偶然性的成分显然要大于必然性。未来，可能还是会再出几个巴菲特，但这个行业的大多数人虽然可能会经历其高光时刻，但最终还是避免不了长期在平庸中跑输市场。一个行业如果不能让大多数参与者提供价值，而是要靠小概率产生少数佼佼者来树立典型，那可能这个行业还需再进一步完善。这也就是为什么，近些年大家开始热衷于 ETF（Exchange Traded Fund，交易所交易基金），因为发现多交管理费，也不能带来稳定的超额回报，最多也就是好几年、差几年，和看天吃饭并没有太大区别。但即便如此，机构投资还是能够通过降低市场波动，来提高投资者的风险回报。

美国股市投资者结构演变的主要路径

美国股市也遵循从无序到有序的规律。在股市逐步成熟之前，同样经历了从个人投资者为主到机构投资者为主的转变过程，目前美国投资者结构维持在相对稳定的状态。与全球大多成熟市场类似，在早期的美股中，个人投资者直接持股超过美股总市值的90%，占绝对主力。但个人投资者占比从1951年的93%逐步下降至2000年后的约35%，并一直稳定在该水平小幅波动。美股个人投资者占比的下降，并不意味着个人投资者持股市值的减少。相反，随着美股市值的增长，个人投资者的持股市值也是一路上行，在2021年达到了约20万亿美元。

美股个人投资者占比持续下降，主要原因在于机构投资者规模扩大，推动了机构投资者占比的快速上升。这其中，首先需要归功于养老金直接持股的占比增加。养老金持股比例从20世纪50年代开始，就呈上升趋势。从20世纪70年代开始，美国推出了由雇员及雇主共同参与的确定缴费型养老计划（Defined Contribution，DC 计划）以及个人退休金计划，并逐渐成为联邦退休金之外，美国养老体系的另外两大支柱。其中，以 401(k)[①] 为代表的 DC 计划已成为美国私营企业雇员最主要的退休养老计划。在1974年美国政府颁布《雇员退休收入保障法》后，进一步明确了养老金的税务问题，放宽了养老金投资股市的限制。1978年，美国《国内税收法》规定，对 401(k) 账户不计入当期的纳税范围，员工通过养老金计划参与股市可以延迟纳税，企业主为员工缴纳养老金也可税前扣除，进一步增加了企业和员工参与养老金计划的积极性，使养老金规模快速扩张。20世纪70年代，在美国养老金体系的一系列改革以及税收优惠的刺激下，美股养老金持股占比进入加速上行时期。截至1985年，养老金直接持股占比达到最高的27%。而这段时间，养老金投资股市的特点，仍以直接持有公司股票为主。

美国养老金规模的扩大以及直接入市，为美股市场带来持续、稳定的基本盘，极大地改善了美股作为一种可中长期持有的资产类别的投资环境，同时也

---

① 401(k) 计划是美国于1981年创立一种延后课税的退休金账户计划，是一种由雇员、雇主共同缴费建立起来的基金式养老保险制度。美国政府将相关规定明订在国税法第 401(k) 条中，故简称为 401(k) 计划。

促进了其他各类机构投资者的发展。接下来，美股市场的共同基金开始迎来大发展时期，养老金开始通过共同基金间接持有美股，直接持股占比开始下滑，并逐渐稳定在 10% 左右。

此外，随着各类基金产品的层出不穷以及专业化、差异化的资产管理策略，共同基金持股占比自 1985 年的 5%，快速升至 2008 年金融危机以前的 25% 左右。危机以后，该比例也一直维持在 20% 以上。其中，养老金通过投资共同基金间接持有美股的比例逐渐增加，是共同基金持股占比快速上升的重要原因之一。养老金持有共同基金的占比从 1985 年的不到 2%，逐渐提升至 2000 年后的 20% 左右，并一直稳定在该水平。养老金在发展到一定规模后，更倾向于选择通过投资共同基金间接持股，主要由于过于庞大的资产管理规模不利于进行差异化的投资来分散风险。而市场上各种专业化的共同基金产品，则恰恰能够满足养老金这方面的不足。另外，美国对于雇员退休保障的相关政策也提出，企业在为雇员提供养老计划时，需要提供多种不同风险等级的投资工具以供雇员选择。而多数缺乏投资能力的普通雇员会选择更加容易的共同基金。

进入 20 世纪 90 年代后，随着技术的进步，交易所交易基金（ETF）以其更低的风险、更低的成本、更高的透明度，使个人投资者也能够像基金一样，参与到投资一篮子股票当中。同时，ETF 也可以像普通股票一样，在被拆分成更小的交易单位后，在交易所二级市场进行买卖。因此，ETF 兼具投资股票和基金的特点，为许多个人以及机构投资者所青睐。另外，2000 年后高频交易的兴起，也使得一大批基于模型算法的量化基金大行其道。由于高频交易需要运用昂贵的计算工具以及高速的网络传输，以保证市场信息的快速获取以及订单的成交效率，参与高频量化交易就需要通过能够负担相应成本的机构来进行。如此一来，又进一步增加了机构投资者在美股的占比，挤压了个人投资者的份额。

最后，随着"二战"之后美元全球霸主地位的奠定，持有美元的全球各类投资者，包括各种对美出口较大国家的主权基金，也同样会将美股作为其持有的主要资产类别之一。外资的持续涌入，也是美股较为持续稳定的资金来源之一。即使美元的流动性持续泛滥，在找到更好的替代品之前，全球投资者也不得不继续持有美元资产。美股的外资直接持股占比从 1951 年的占比 2% 逐渐上升到 2010 年后的 15% 左右，并稳定至今。

三类市场参与者

从美股投资者结构的变迁可以看出，自 20 世纪 50 年代以来，整体是机构投资者占比上升、个人投资者占比下降的过程。但该过程并没有一直持续下去，而是在 2000 年后进入基本稳定的状态。美股市场在经过长期的发展之后，个人投资者仍然保持了 35% 左右的稳定水平。虽然说个人投资者普遍被认为是落后的、缺乏理性的、增加市场波动的群体。但同时，个人投资者也是市场重要流动性的来源。根据市场微观结构理论，市场的参与者可以被分为三大类：信息交易者（information trader）、流动性 / 噪声交易者（liquidity/noise trader）、做市交易者（market maker）。相较于市场其他参与者，信息交易者对于股票的真实价格有着更多的信息。他们在市场中交易的唯一目的就是用多于对手的信息来盈利。但是，实际能否盈利仍取决于多种因素，例如信息交易者手中关于股票真实价格的信息的精确度、其他参与者的交易策略、市场的流动性等因素。流动性 / 噪声交易者，顾名思义，他们参与股票交易并不一定是基于关于股票真实价格的信息。事实上，他们可能只是随机地通过猜测来进行交易。做市交易者，则是介于信息交易者以及流动性交易者之间的群体。他们通常并不主动判断关于股票真实价格的信息，而是通过调整买入 / 卖出价格来促进股票的价格发现过程。因此，做市交易者通常并不以盈利为目的，在股市中是一种特殊的存在。

如果一个市场中只有信息交易者，那当股价达到信息交易者认为的真实价格之后，就不会再有交易发生，也不会再有新的信息被发现。如果一个市场只有流动性交易者，那就丧失了股市资源有效配置的作用，完全变成了一个没有方向的赌场。当市场中只有信息交易者及流动性交易者，而没有做市交易者时也能达到均衡状态，但这种均衡态很可能是不稳定且易被破坏的。因此，一个有效运行的市场，通常需要三类交易者均保持一定的比例。美股大多数的个人交易者可以被认为是流动性交易者，他们是美股市场保持活力不可或缺的一部份。当一个市场以机构投资者为绝对主导时，市场的流动性将会大幅降低，成交量及成交金额都将呈现集中化现象。头部的个股占据了市场绝大多数流动性及成交量。而中小型个股则因市值及流动性的限制，导致无机构问津，又进一步加重流动性问题，形成恶性循环。中小型个股因流动性而导致的低估，大大降低了股市价值发现的作用。目前的中国香港股市、中国台湾股市等都存在类似的集中化问题。

第二节
A 股投资者构成的演变及成因

根据中国证券投资基金业协会的分类，A 股市场投资者主要包括一般法人、个人投资者、境内机构投资者和境外机构四大类，分别约占 A 股流通市值的 50%、30%、15%、5%。这四类中，一般法人是指具有产业资本属性的法人单位，包括一般法人团体和非金融类上市公司，其中包含大量的国有资本。个人投资者比较容易理解，就是我们平时所说的股民。境内机构投资者，主要包括七大类，分别为公募基金、私募基金、保险机构、社保基金、证券机构、信托机构、其他境内机构。境外机构，也就是我们平时所说的外资，主要通过 QFII/RQFII 及陆股通两种渠道投资 A 股。

从四类投资者占比来看，一般法人持股占比最高，这也是 A 股区别于其他市场的主要特点之一。由于 2005—2010 年期间，A 股进行了股权分置改革，股票集中解禁，大量非流通股转为流通股，一般法人持股比例快速上升，占比从不到 5% 大幅增加至 50%，成为我国股票市场持股市值最大的主体。由于限售股解禁的时间一般为 3 ~ 5 年，2010 年之后一般法人持股占比数据基本稳定，一直维持在 50% 水平波动。而 A 股转换为流通股的一般法人持股大幅增加导致其他三类投资者占比被动减少。若剔除股改以及解禁的影响，可以看到，A 股的投资者结构变化，基本表现为个人投资者占比有所下降、境内外机构投资者占比上升的趋势。但与发达市场相比，我国境内机构投资者的占比仍然偏低。

个人投资者持股占比整体呈现下降趋势。2006 年股改前，A 股市场的个人投资者占比曾高达近 80%。2010 年股改及集中解禁基本完成后，个人投资者持股占比被动减少至 30% 以下。其后，随着我国数轮宽松政策的实施，以及融资融券等各类股票投资工具的推出，大幅提高了个人参与股票投资的能力及热情。2015 年个人投资者持股占比一度上升至 40%。但随着股市的波动以及各种场内外各种工具的规范化管理，个人投资者占比又下降至 30% 左右。

过去数年，我国机构投资者规模持续扩大，但持股占比却仅在 15% 左右，大幅低于一般法人以及个人投资者占比，与美国、日本、德国等发达市场相比也明显机构化不足。近年来，各类证券投资基金发展最为迅速。其中，体量最大的一类为公募基金，占 A 股流通市值约 8% 左右。如图 6-1 所示，截至 2021 年底，我国公募基金管理资产规模超过 25 万亿元，过去 5 年复合增长率达到 23%。公募基金数量超过 9 000 只，过去 5 年复合增长率达到 19%，如图 6-2 所示。虽然规模及数量增长迅速，但发展模式较为简单，作为机构投资者所能提供的附加值仍较为有限。各类基金产品呈现同质化扩张，缺乏差异性及创新性。具有特色的深耕行业及产业的基金仍然较为初级。公募基金中权益类基金规模仍然偏低，也是导致在 A 股中占比不高的原因之一。保险机构为 A 股市场中第二大境内机构投资者，占比稳定在 3% 左右。但由于险资对于风险控制的要求，其不能任意增加对于权益类资产的配置。因此，保险机构持股占比的增长只能依赖于保险资产规模整体的扩张。社保基金也由于类似的风控因素，占比长期保持在 1% 左右。其他各类机构合计持股占比在 3% 左右。

随着我国金融市场开放程度不断提高，境外投资机构也在逐渐增加 A 股配置，目前持股占比在 5% 左右，并呈现稳步上升趋势。外资持有 A 股主要通过

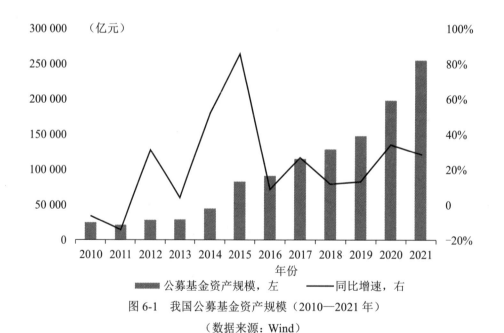

图 6-1 我国公募基金资产规模（2010—2021 年）

（数据来源：Wind）

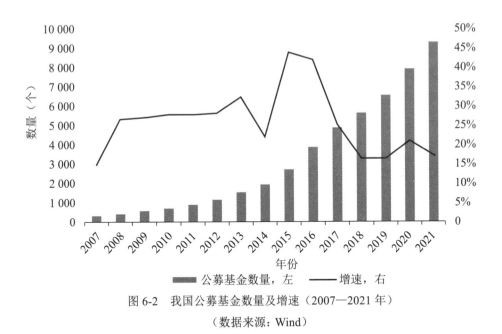

图 6-2 我国公募基金数量及增速（2007—2021 年）

（数据来源：Wind）

QFII/RQFII 及陆股通两种渠道。QFII 进入 A 股市场需要证监会的资格审批，然后汇入一定额度的外汇资金，并转换为人民币进行投资。随着我国加快金融开放步伐，2019 年，我国已取消 QFII/RQFII 投资额度限制，推动外资加速进入我国资本市场。另外，我国还推出了多项金融开放措施，包括扩大外资金融机构经营范围、放宽经营年限、取消持股比例限制等。2014 年底，沪港通下的股票交易正式开通。2016 年初，深港通启动，陆港通的另一条腿也正式落地。陆港通标的已经覆盖 A 股大多数核心公司。在陆港通渠道下，外资能够以更低的成本、更便捷的交易、更灵活的机制投资 A 股，其相对于 QFII 的吸引力不断提升。目前，通过陆港通渠道持有的 A 股市值占比达到 4%。国际对比来看，我国外资持股市值占比仍低于发达国家水平。

第三节
中美股市投资者构成的差异及原因

中国目前的投资者结构，与美国最大的差别在于 A 股机构投资者占比仍然较低。A 股中，境内机构占比约 15%，外资占比约 5%，合计约 20%。而美股中养老金（10%）、共同基金（20%）、外资（15%）等机构投资者合计约占45%。个人投资者占比方面，A 股约为 30%，美股约为 35%，两者差别不大。因此，A 股机构占比较低并非因为个人投资者占比高。最主要的原因，还是一般法人占据了近 50% 的 A 股流通份额。

A 股的机构投资者中，最主要的一类为共同基金，占流通市值约 8%，大幅低于美股共同基金约 20% 的份额。这其中的原因，一方面是我国基金总规模仍然较低，仅占美国共同基金规模约 10%。另一方面，我国共同基金中权益类基金占比过低，仅占全部基金规模约 7%。而美国共同基金中，超过 50% 为股票型基金。这就直接导致我国投资股市的权益类基金规模与美国相比，占比更低，仅 1%。目前我国的共同基金中，规模最大的为货币市场基金，占比约 60%；其次为债券型，占比约 20%。由于我国仍处在发展中国家阶段，虽然已经从高速增长向高质量增长转变，但在正常情况下，仍能有 5% 左右的增速，明显高于美国仅 1% ～ 2% 的增速。因此，我国仍然能够保持稳健中性的货币政策，主要通过预调、微调来调节经济走势，而不用像美国一样，长期维持低利率、零利率，甚至多次使用量化宽松政策来刺激经济增长。虽然我国利率水平在信用货币体系以及全球普遍宽松的长期货币环境下，也处在波动下行阶段，却始终能够和美国保证一定利差。因此，在我国目前的收益率水平之下，投资货币以及债券市场，仍然是有利可图的，并且较美国相关资产吸引力更高。虽然投资股市的期望收益远高于固收市场，但其伴随的风险也是无限的。在目前我国基金管理水平整体有待提高的情况下，基金更加倾向于选择有稳定足够回报、风险可控的固收类产品。尤其是在能够以更低成本进行融资的情况下，无风险套利的机会也使基金更多投资一些利率产品。当然，这种情况也只是阶段性的。随着我国金融市场的进一步发展成熟，资金成本端上行、收益端下行的趋势十分明显，获利空间越来越小，单纯的套利机会也更加难以获得。因此，进一步提高基金投资水平，引导资金向资源配置效率更高的权益类资产倾斜，必然是未来共同基金发展的重点方向。届时，A 股市场中共同基金持股占比也能得到大幅提高。

近年来，A 股市场对外开放程度有所加快，外资持股占比迅速上升至 5% 左右，已经接近公募基金占比，但较美股 15% 的外资占比仍有一定距离。这种差异，一方面来自我国 A 股对外开放的起步时间较晚。早在 2003 年，我国就开始通过 QFII，在资本项目尚未完全开放的阶段，引导国际资本进入我国证券市场。但在 QFII 渠道下购买 A 股，对于境外投资机构的资产规模有一定的要求，还需要事先通过我国监管部门审批，将外汇转换为人民币。另外，在2019 年以前，QFII 仍然存在额度限制，且早期的 QFII 额度一直偏低，资源比较紧张，导致外资通过 QFII 持有 A 股的规模增长整体比较有限。自 2016 年开始，随着沪港通、深港通均投入运行，并且取消了之前沪港通的总额度限制，深港通不再设置总额度，外资进入 A 股的步伐才开始逐渐加快。通过陆港通渠道流入 A 股的外资在 2017 年迅速上升至近 2 000 亿元，同比增长超过 200%。截至 2021 年底，陆港通渠道累计净流入外资 1.6 万亿元，持有 A 股流通市值占比约 4%。陆港通开通仅仅数年时间，就迅速打开外资进入 A 股的局面。未来，随着陆港通的持续平稳运行，外资投资 A 股的途径进一步多样化，MSCI、富时罗素、标普、道琼斯等海外重要指数增加 A 股纳入因子，外资持有 A 股的份额还将进一步提高。

另一方面，由于我国的资本账户仍然是有限度的开放，因此在当前我国的经济发展阶段以及现有的人民币国际化水平下，也不可能完全达到美股的外资占比水平。过去 30 年，中国资本项目开放坚持"先流入后流出，先长期后短期，先直接后间接，先机构后个人"的发展路径，开放直接投资先于开放证券投资。从整体上来看，我国的资本项目开放最早的是直接投资，其次是资本市场等长期资金市场，目前正在积极推进金融市场开放。相比较而言，直接投资拥有最高的沉没成本，而且流动性比较差。所以，直接投资拥有较小的开放风险。而证券投资则面临较高的短期投机风险。在进行资本项目开放投资的时候往往坚持"风险应从小到大"这一基本原则。如今，我国在进行直接投资方面的限制已经很少，在证券投资方面的限制也在持续解除。然而国际经验告诉我们，短期资本的大进大出不利于金融稳定，证券市场的开放应保持循序渐进的步伐，综合考虑自身经济发展水平、宏观经济环境和市场经济制度完善程度。我国在资本项目开放程度上也体现了"长宽短紧"实施原则，也就是长期资金的账户管制较少，而对于短期资金则进行较为严格的监管。从 1997 年亚洲金融风暴造成的影响来看，东亚及东南亚的众多小国均受到了国际投机资本的攻击，并且由于其有限的外汇储备，导致短期资本外流时本国政府难以应对，出现股债汇三杀的恶性局面。究其原因，资本项目无选择地开放、短期资本能够自由逃离，是这些国家经济遭受重创的重要原因。很多发展中国家对于货币的调控能力是明显不足的，再加上金融体系不完善，以至于成为很多短期资本、国际热钱的目标。所以，和很多发展中国家一样，我国对于短期资本流动采取的管制措施是比较严的，但是对于长期资本流动以及汇兑管制则相对较松。

"十三五"规划提出的有关人民币项目可兑换与国际化的一些重大部署基本得到落实。但如果按照负面清单的最高国际标准，我国实际完全可兑换的资本交易项目只有七八项，其他都存在不同程度的资本管制。正如资本项目开放的模糊定义一样，不同标准的评估结果也可能大相径庭。虽然资本项目开放不是目的，而是手段，但也要清醒认识到我国金融开放程度与国际通行标准之间的差距。"十四五"期间，我们应坚定推进制度型金融开放，进一步促进人民币资本项目可兑换和国际化。

A 股市场作为我国重要的资本市场之一，其对外开放进程必须放在我国资本项目开放之下通盘考虑。资本项目开放是一个渐进的过程，必须全面地认识资本项目开放对于我国货币国际化的影响，坚持稳中求进的总基调。需综合考虑我国的宏观经济金融环境，在严守不发生金融风险底线的基础上，有计划地渐进开放，根据金融发展的程度和金融创新的进展，建立与之相适应的风险防控体系。同时，鉴于当前内外部不确定、不稳定因素较多，如果根据资本流动形势的预判来决定开放进程，将来有可能因形势变化而逆转开放安排。需要避免短期功利性开放思路，增强对市场波动的容忍度和承受力。在扩大金融开放的过程中，要加强跨境资本流动统计监测和分析，坚持投资者适当性管理，确立买者自负和风险中性意识。

A 股高换手率

投资者结构的区别，导致了市场交易特征的区别。中美股市交易上最大的区别，就在于 A 股畸高的换手率。从国际比较来看，A 股换手率明显高于欧美市场及其他全球主要股市，如图 6-3 所示，2021 年 A 股市场的平均换手率约为 320%，远高于欧美股市 45% 的换手率。同为以中资股为主的香港股市，其换手率也仅在 65%。因此高换手率是 A 股市场独有的特点，也是 A 股市场投资者结构尚未成熟的标志。从历史走势来看，A 股换手率变化并没有明显的趋势，主要还是根据行情来变化。基本的规律是，熊市换手率走低，牛市换手率走高。即使在 2016 年以后，我国基金规模明显扩大，外资快速涌入，机构投资者持股占比明显上升，A 股的换手率也未出现下降趋势。如图 6-3 所示，在 2018 年熊市过后，A 股换手率就随着市场的上行，从 2018 年的 180% 快速提高到 2021 年的 320%。而反观欧美股市，其换手率仅在 2008 年金融危机前期上升至 110%。其后，即使美股经历了十年大牛市，其换手率却一直呈现下降趋势。可见，近年 A 股市场投资者结构的机构化确实取得了一些进展，却还未达到量变引起质变的程度。

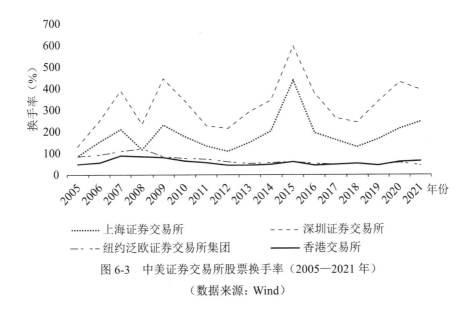

图 6-3　中美证券交易所股票换手率（2005—2021 年）

（数据来源：Wind）

A 股市场交易行为的主导仍然集中在个人投资者手中。甚至，我国权益类公募基金的换手率也明显高于美股权益类基金的换手率。这意味着，在我国机构投资者还未成熟的阶段，机构散户化的特征也很明显。我国机构投资者同样存在持有期限较短、追热点、炒概念、抱团等一系列散户交易特征，区别只是交易量更大，交易频率相对没有散户那么高，交易标的也主要集中在基本面、流动性更好的大盘蓝筹股。但其"炒股"的属性仍然要大于投资的属性。当然，我国机构投资者也有其无奈的一面。当整个市场的投机氛围仍然较重时，单个机构作为一个个体，出于业绩的压力，也只能随大流去抱团。要生存，只能选择去适应环境，却难以做到改变环境。另外，我国的基民也秉承了股民的交易特征，频繁买卖基金，只是从过去的炒股变成了炒基。实际上，两者都是同一批人。这也间接导致了我国机构投资者行为的散户化。相反，美股的共同基金中有超过 40% 的份额为养老金所持有，这就成为美股共同基金能够做到长期持有、价值投资的基础。因此，改变我国投资股市初始资金的性质，从股民、基民手中流动性较高的现金，逐渐转变为养老金、保险资金、产业基金等长期资金，那无论是直接投资还是通过各种基金、FOF（Funds of Funds，基金中的基金）来间接持股，都是推动 A 股市场进一步走向成熟的关键一环。从成熟市场的成交特征来看，市值越大的公司往往有更大的成交金额，流动性也较好。但 A 股散户较多的特征，使得 A 股市场的成交集中度还相对较低。例如，美股排名前 30 的公司基本囊括了超过 90% 的成交额，但 A 股这一数值仅为 60%。当然，成交分散也为 A 股小市值公司带来了流动性。曾经很长一段时间，A 股都是大盘涨不动、小票满天飞的行情，因为小票更容易进行投机交易。

第四节
中国能否吸引全球投资者

如果要问整个中国能否吸引到海外投资者，那答案是不言自明的。随着我国改革开放程度的日益加深，海外资本流入的规模也在不断扩大。从资本和金融账户顺差来看，2002 年该项目的顺差为 323 亿美元，而到了 2013 年该项目的顺差为 3 461 亿美元，从 2002 年到 2013 年资本和金融账户的累计顺差为 15 395 亿美元。可以说，在我国工业化初期、资本严重短缺的阶段，几轮引进外资对推动我国快速工业化的进程起到了关键的作用。当然，中国经济的飞速发展，也给进入中国的外资带来了丰厚的回报。

但吸引外资流入同样也伴随着巨大的外债以及通胀风险。1993—1994 年，市场经济体制改革目标确立，各地纷纷扩大引进外资及投资规模。同时，我国又刚刚完成了市场化价格改革，房地产市场开放，以及股票、期货市场的建立，也导致投机性需求过热。国内出现了房地产热、开发区热、集资热、股票热等经济过热现象，大举推高了市场利率。改革开放以来，中央大规模放权让利，由地方自主却不承担风险责任地引进外资，最终导致我国外债水平大举攀升，由中央政府承担偿还责任的外债在 1993 年达到历史高位。当时央行的货币工具有限，只能不断增加货币供应来缓解资金短缺，导致了通胀的大举飙升。

伴随着 2000 年以后，发达国家主导的国际产业重新布局，同时人民币在 20 世纪 90 年代危机中形成的"对内提高利率＋对外降低币值"策略，正好迎合了跨国公司产业资本国际转移的需求。中国在该时期成为外商直接投资（Foreign Direct Investment，FDI）第一的国家。在 1997—1998 年亚洲金融危机时期为拉动内需而进行的大规模基础设施建设，也让中国比一般的发展中国家更加吸引外资。

分析国际收支平衡表可以看到，我国的整体顺差水平在 2000 年后快速增加，从 1998 年的 64 亿美元上升至 2010 年最高的 4 717 亿美元，如图 6-4 所示。而其中资本项目以及净误差与遗漏项目在国际收支中的影响力是逐年增加的。我们可用资本项目的差额来表示我国外资净流入规模，外资净流入则表现为资本项目贷方差额，资本净流出则表现为借方差额。从我国目前资本项目开放的过程来看，从 1998 年开始资本项目差额持续正向扩大，从 –63 亿美元增加到 2010 年的 2 869 亿美元，代表着该阶段外资的持续净流入。之后外资流动开始进入双向波动阶段，但也仅 2015 年、2016 年出现大幅净流出。

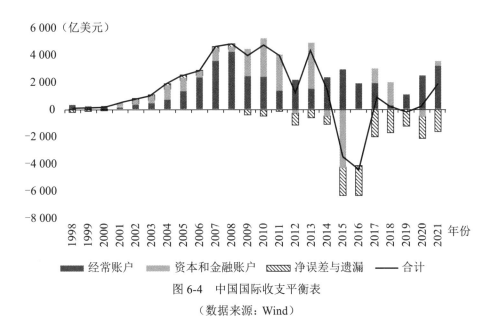

图 6-4　中国国际收支平衡表

（数据来源：Wind）

自 1994 年人民币汇率并轨以来，中国经济开始转向以出口创汇为指导的外向型经济，经常项目开始转为顺差并持续扩大。2005 年汇改以前，人民币一直存在升值需求，被低估的人民币汇率吸引资本流入。同时，国内经济的高速发展带来了大量投资机会及高额回报，也吸引了国外的资本流入。外国资金在资本项目单向闸门的作用下在国内集聚。央行自 2005 年开始了新一轮外汇制度改革，人民币汇率不再钉住单一美元，而是选择若干种主要货币组成一个货币篮子，同时参考一篮子货币计算人民币多边汇率指数的变化。人民币进入升值通道，加上国内经济向好，使得资本项目仍然是净流入的，即使中美利差在该阶段呈负向扩大的趋势。2008 年之后，国际贸易受到金融危机打击，海外需求持续不振，中国的经常项目仍然保持顺差，但水平较危机之前有所下降。经常项目顺差从 2008 年高点的 4 206 亿美元下降至 2011 年的 1 361 亿美元。同时随着资本项目开放的进程，资本项目的影响力逐渐增大。资本项目以及净误差与遗漏项目的占比从 2008 年的 12%，上升至 2011 年的 65%。一般认为，国际收支表中净误差与遗漏项目反映走私和其他资本流动等未记录的交易引起的误差。2002 年开始，误差与遗漏项目首次转正并一直持续到了 2008 年，之后该项目则一直为净流出状态。该阶段虽然中美都有着刺激宽松政策，但相比之下，美国的三轮 QE 所造成的影响远大于中国。因此，该阶段中美利差正向扩大，资本项目仍然为净顺差。

转折点发生在 2014 年，从美国 QE3 退出开始，美国基础货币的增速停滞，而中国的增速仍然保持在 10% 左右，中美利差开始出现下行趋势。如前所述，经常项目仍然是净顺差，但资本项目对利率及货币供应的敏感度较高，使其流向发生变化。再加上可被认为是资本项目的遗漏与误差项（在资本项目管制的情况下，资本外流的压力使该项目数值也逐渐增大），整体国际收支的非储备项目处在外流状态。2016 年的"8·11"汇改加强了短期人民币贬值的预期，进一步加速了资本外流。但背后的直接动力是美联储 2015 年 11 月起加息预期的增强及 12 月进行的首次加息所导致的中美利差的改变，使套息交易的短期资本的回报发生变化，引起资本外流。但该情况仅仅持续了两年。2017 年，资本项目就再度回归净顺差的趋势。

从结构上来看，如图 6-5 所示，2000 年以前，FDI 是资本流入的主要形式，而包括证券投资在内的其他投资的比例则很小。加入 WTO 以后，中国资本市场开放度逐步提升，证券投资流入量开始快速增加，同期 FDI 流入量也呈爆发式增长。以国际收支口径来看，FDI 从 1998 年的 438 亿美元上升至 2021 年的

3 323 亿美元。证券投资流入从 1998 年的不到 1 亿美元，增加至 2021 年的 1 437 亿美元。尤其是近几年，证券投资流入占比已经与直接投资不相伯仲，意味着我国引进外资已经进入新的阶段。

可见，自改革开放以来，无论是直接投资还是证券投资，我国资本市场对于海外投资者的吸引力是逐渐加大的。外资流入的规模及速度，主要取决于我国根据自身经济发展阶段及金融市场的建设所决定的资本账户开放程度。以 QFII 为例，2002 年试点推出时，仅有 100 亿美元额度，其后虽经历了多次的额度提升，但在 2009 年以前，QFII 额度一直处于紧张状态，甚至出现一些 QFII 机构通过向其他机构出租部分额度来获利的情况。随后几年，随着 QFII 渠道持续平稳运行，风险可控，额度也得到大度提升。另外，随着沪港通等新的投资渠道出现，额度紧张的状态得到缓解。

鉴于进入证券市场的外资存在一部分的短期热钱，证券投资流入占比增加势必使我国资本市场对外开放的风险也进一步上升。随着贸易额的增加，对资本项目下资本流动的管理难度加大，非正常的资本流入增多。出于外资风险的考量，我国证券市场的对外开放一直都是持审慎态度，坚持有序开放。如今，我国资本账户进一步开放，证券投资方面的限制也在持续解除，我国的 A 股市场也将吸引更多海外投资者配置。

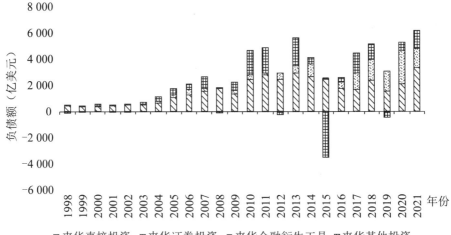

图 6-5　中国金融账户净负债分项

（数据来源：Wind）

第七章

中美股市行业构成对比

第一节
美股行业构成的演变及成因

道指成分变迁

作为美股历史最悠久的主要指数之一，道指（道琼斯工业平均指数）成分股的变迁可以代表美股在较长的历史阶段中的行业演变。普遍认为，道指是美股最早诞生的股票指数，但事实上，美股最早的指数是诞生于 1884 年的铁路平均指数，共有 11 只成分股，其中 9 只为铁路公司，其余两只分别为汇款公司及邮轮公司，也可理解为在金融领域及海洋领域的铁路公司。虽然在 19 世纪末期，交通运输行业，尤其是铁路运输，确实是当时美国最重要的支柱产业之一，但仅仅囊括了交通运输业，使得该指数并不能完全代表美国当时经济的全貌以及未来的发展趋势。交通运输虽然重要，但充其量只是美国整个工业化发展中的一环，只是提高了工业生产的效率，降低成本，但并不真正参与制造提高附加值。就如同现代的互联网一样，其增加了信息传播的效率，但并不能取代各类传统制造业实体的重要地位，更不能凭借垄断地位抑制实体企业的升级和发展。因此，在 1896 年，更全面反映工业在美国经济中重要作用的道指诞生，初始成分股 12 只。1916 年，道指成分股扩充至 20 只。1928 年，再次扩充至 30 只，并延续至今。美股之后的发展也证明，工业取代了铁路，成为美股最重要的组成部分。到 20 世纪 50 年代，制造业公司占美股市值超过 50%，自然推动道指成为美股的代表指数之一。

道指最初的 12 只成分股，以糖、油、烟草等农产品加工，以及皮革、橡胶、煤气等自然资源加工为主，属于典型的在工业化初期，劳动密集型及资源密集型工业化阶段，附加值低、科技含量低、环境污染大的制造业。当然，在当时来看，这种工业化程度已经是世界领先的。能够进行工业化生产，已经代表了当时先进的生产力、领先的科技水平。

1928 年道指扩容后，可以看到，新增的成分股主要集中在汽车制造、机械制造、电气、钢铁、石油等重工行业。"一战"结束后，美国迎来了一段相对稳定的发展时期。随着电气时代的到来，热力效率的提升，工业化的范畴进一步扩大，美股产生一批新的领军行业，其中以汽车行业尤为突出。美国汽车产量从 1919 年的 150 万辆升至 1929 年的 540 万量，年均增速达 13.7%。1925年，汽车行业就已成为美国最大的工业部门。美国逐渐从铁轨上的国家，进入车轮上的国家时代。通用汽车、马克卡车进入道指。美国能源结构也从烧煤、燃气变成了烧油、通电。标准石油、通用电气等也被纳入道指。不仅如此，汽车产销量的大幅增长，同时也促使上下游行业需求大幅增长。当然，不论汽车还是火车、烧油还是烧煤，一些通用原材料的需求，如钢铁、橡胶、玻璃等的需求都是持续增长的。钢铁行业三巨头之一的美国钢铁此时已经出现在纳指。虽然此时的美国工业仍然集中在地面上，但已经出现向天空发展的趋势。莱特兄弟创办的公司莱特航空也赫然在列。此时的道指，除了可以看到一些航空业发展的影子，更重要的是，美国未来经济的最主要部分——消费，已经开始崭露头角，工业化的发展也意味着美国居民财富的快速积累、消费能力的提升。百货、零售、娱乐等消费行业的公司也开始登上历史舞台，但此时在道指中的占比不高。

之后的美股，虽然经历了"大萧条"，但紧接着的"罗斯福新政"，以及"二战"对于需求的极大拉动，使得美国的工业化进程并未中断。工业在美股的占比持续提升，并且逐渐从早期工业化向成熟工业化、从轻工向重工转型。一些早期的农产品加工、原料加工企业已经消失不见，取而代之的，是更多的汽车制造、石油、钢铁等重工行业，以满足基建、战争、欧洲重建等大量需求。当然，"二战"后美国一跃成为全球霸主，布雷顿森林体系使美元成为世界货币，美国经历了 20 世纪 50 年代的经济高速增长，也使得美国居民的财富大幅增长。消费板块的占比也得到进一步增加。

进入 20 世纪 60 年代，因工业化导致的资本溢出，推高了美国本土的生产要素价格，致使美国的制造业资本向外转移，由此导致了新一轮的全球产业结构调整。发达国家将本国早期的工业资本、劳动密集型产业转移至发展中国家。而地处冷战前沿的国家和地区，首先承接了次轮产业转移，进而产生了亚洲"四小龙""四小虎"等局部地区经济快速增长的现象。美国本土产业则集中在技术密集型及资本密集型产业，实现产业结构升级。进入 70 年代，两次石油危机将美国拖入滞胀的泥潭，能源价格的暴涨使得美国依赖大量能源消耗的传统工业增长乏力，进一步加大了美国产业结构调整的需求。

"二战"后，美国科技持续攀升。大批的科技创新就是在这样的竞争中形成的。如后来的计算机革命、信息技术革命等，其核心技术就来自冷战时期。而 80 年代，进入冷战后期，国际局势趋于缓和，大批的军事科技成果向民用转化，这又形成了一轮以科技为核心的产业结构升级。以信息技术、生物技术、航空航天和现代通信等为代表的新兴高新技术产业快速兴起。美国持续向发展中国家输出尖端技术产品，同时向承接了被美国本土淘汰的低端产业的发展中国家购买廉价产品，继续维持、吸收着新兴市场劳动力创造的财富，维系着美元的购买力。美国本土的地产、金融、文娱、教育、物流等一系列新兴服务业以及零售、饮食等传统服务的产业化在这一时期都取得了快速发展。

从道指成分股的变化也可以看到战后美国产业结构升级的缩影。1979 年，全球最大的信息技术和业务解决方案公司 IBM，以及世界上最大的制药企业之一默克公司均入选道指；1982 年，从事信用卡、签账卡以及旅行支票等金融服务的美国运通公司入选道指；1985 年，全球最大的快餐连锁店麦当劳公司入选道指；1987 年，世界最大的航天航空器制造商波音公司，以及世界第一个可乐品牌可口可乐公司入选道指。

进入 20 世纪 90 年代，美国的国际产业转移出现了新的特点。随着苏联的解体、冷战的结束，金融资本开始主导全球化竞争，产生了一轮全球性的产业转移及产业链价值重构。美国除了继续向发展中国家转移劳动密集型的落后产能之外，又进一步将一批资本密集型，甚至部分技术密集型的加工制造业转移至发展中国家，但核心的研发、设计部门仍然留在本国。伴随着大量资本、跨国企业的组团转移，甚至将完整的产业链在海外重构，这也必将伴随金融、贸易服务业的全球化扩张。本次产业转移的重点领域，主要集中在钢铁、石化、汽车等重工行业，以及一些较为高端的制造业、高新技术产业、金融保险业等。而发展中国家在这轮产业转移中，也希望以自然资源、劳动力、本国市场等要素，来换取发达国家的资本、技术、管理等，从而加速本国的工业化进程。

美国持续进行的产业链转移及产业结构升级，使得以计算机、通信、生物等高新技术产业在美国逐渐成熟，并取得经济的主导地位。金融资本的输出也使金融服务业获得全球化的发展空间。同样走向全球的，还有美国的文化输出，推动产生了一批文娱产业的领军企业。这些高新技术企业以及现代服务企业成为美国经济增长的新动力，成功推动了美国经济结构转型，延续了新时期美国在全球的霸主地位。

鉴于美国的经济结构转型，美股的行业组成在这一时期也发生了较大变化。以道指成分股来看，1991 年，美国最大的金融服务机构之一的摩根大通集团，及全美领先的动画电影制作公司华特迪士尼公司入选道指；1997 年，计算机硬件生产商惠普公司，医疗保健产品、医疗器材制造商强生公司，及跨国零售企业沃尔玛公司入选道指；1999 年，电脑软件服务供应商微软，及世界第二大的半导体公司因特尔入选道指。

20 世纪 90 年代美国互联网行业的飞速发展，也意味着巨大行业泡沫的产生。但 2000 年科网危机爆发，却让美股的金融以及地产行业迎来了大发展时期。进入 21 世纪后，随着互联网泡沫的破裂，美国政府为避免当时正如日中天的互联网行业突然之间一蹶不振对经济造成的负面影响，迅速推出了大规模减税以及降息政策。美联储自 2001 年开始连续降息 11 次，将目标利率从 2000 年的 6.5% 降至 2003 年的 1%。虽然在今天看来，1% 的利率并不低。但在当时，1% 的利率应该是美国有史以来的最低利率。这种低利率环境为金融市场创造了大量流动性，最直接的结果就是推动了金融地产等利率敏感型行业的快速发展。低利率首先带动了地产需求的增加。美国家庭拥有住房的比例自 20 世纪 80 年代开始就在 60% 左右，但到 2004 年，该比例达到了史上最高的 69%。1997—2006 年间，美国住房价格平均增加了 124%。房地产泡沫及低利率环境导致业主对其住宅再融资需求大幅增加。投资银行则利用财务手段与金融创新相结合，借机推出"次级贷款"等各类高杠杆金融商品，以满足低利率环境下增加的借贷和消费需求。在宽松货币环境和金融创新的共同支持下，美国的金融业在进入 21 世纪后获得了快速发展，直至 2008 年次贷危机。

互联网和金融业此消彼长，导致美股行业结构也发生了相应的变化。以道指为例，2004 年，跨国保险及金融服务机构美国国际集团被纳入道指；2008 年，跨国投资银行及及金融服务机构美国银行被纳入道指。2008 年金融危机并非美国金融业扩张的终点。为了从金融危机中挽救美国经济，美国政府再次施行了一系列救市政策，将目标利率降至 0，同时开启了量化宽松之路。在如此宽松的政策环境之下，美股市场也开启了十年长牛之路。美国的金融业继续在肥沃的土壤生长。美国两家大型保险机构，旅行者集团与联合健康集团，分别于 2009 年、2012 年被纳入道指。2013 年，美国规模最大的国际投行之一——高盛集团被纳入道指。

总结来看，道指自 19 世纪末推出以来，经历了百余年的变迁，其所反映的美股行业结构已经发生了翻天覆地的变化。20 世纪初，美国仍处在以基础设施为支柱产业的阶段，因此美股最先发展起来的也是以铁路为主的交通运输行业。在成熟的基础设施完成后，美国迅速进入了**早期工业化**。此时美股中以农产品加工、自然资源加工等劳动密集型企业为主。之后，随着"一战"结束，电气时代的到来，美国的工业化也从劳动密集型向资本密集型转变，美股此时出现了一批汽车制造、机械制造、电气、钢铁、石油等重工行业，并且在"二战"的过程中工业化得到进一步的发展，走向**成熟工业化**。"二战"后，美元霸权地位形成，美国经济进入高速增长期，美国居民购买力提升，美股消费行业的占比开始逐渐增加。但美国的工业化开始遭遇发展瓶颈。工业化推动生产要素价格上涨，结合 20 世纪 70 年代两次能源危机的爆发，能源价格暴涨，导致美国高能耗的工业体系难以为继。美国开始进行**去工业化**，将一些低端制造业外移，仅在本国保留高端制造及核心研发部门。同时，冷战使美国在战后科技持续攀升，并将一批军事科技成果转向民用，形成了一轮以科技为核心的**产业结构升级**。进入 90 年代，美股中以信息技术、生物医药为代表的新兴产业迅速崛起，而以工业、能源、原材料为代表的旧经济行业占比迅速下降。进入 21 世纪，伴随着科网危机及次贷危机的相继发生，美国政府为应对危机而采取的连续降息及量化宽松政策，也为美股的金融及房地产业发展提供了极为宽松的货币环境，导致美股的金融板块进入大发展阶段。互联网业也从危机中恢复，美股中信息技术业占比开始逐渐回升。

当然，由于道指具有天然偏传统工业、制造业的属性，其并不能准确反映美股近 30 年新经济的变化。尤其是在进入 2000 年后，虽然互联网泡沫破裂，导致互联网行业出现了几年萧条时期，但行业整体的发展空间仍然巨大。在互联网基础设施逐渐完善、盈利模式清晰之后，潮水褪去，沉淀下来了一批拥有优质商业模式的互联网企业，并且开始进入稳定盈利增长阶段，并最终发展壮大成以 **FAANG**（美国市场上五大最受欢迎和表现最佳的科技股，分别为脸书、苹果、亚马逊、奈飞、谷歌）为代表的一批互联网龙头企业。但这些科技的发展壮大并未完全反映在偏旧经济的道指。五大巨头中，仅偏硬件科技的苹果公司在 2015 年被纳入道指。

标普 500 指数的变化

相较于道指，标普 500 指数虽然历史稍短，但具有成分股更多，采样面更广，筛选标准更明确，连续性更好等优点，能更平衡地反映美股全貌以及行业变化。

美股在 1990 年以前，基本还是属于旧经济驱动阶段，道指和标普 500 差异并不明显。随着 90 年代互联网科技的兴起，标普 500 才出现差异。如图 7-1 所示，1990 年，标普 500 占比最高的行业仍然为可选消费（14.0%）、工业（13.6%）、能源（13.4%）等传统行业。信息技术及医疗保健业的占比仅为 6.3% 和 10.4%。随着互联网的快速发展，1999 年，信息技术业一跃成为标普 500 的最大行业，占比达到 29.2%。而代表美国旧经济的能源、原材料、工业占比仅分别为 5.6%、3.0%、9.9%，三个行业的合计占比也不如信息技术行业。但随之而来的科网泡沫使得信息技术行业市值大幅缩水。在 2003 年时，信息技术行业市值占比跌至 14.3%，几乎较三年前的高点跌去一半，但仍然在全行业中排名第三，仍比 1990 年互联网发展的初期时仅 6.3% 的占比大为提高。因此，可以看到，即使泡沫破裂，依然没有伤到互联网行业的基础。整个行业在大趋势上依然是扩张的，只是在过程中出现了资本提前反应，过度反映基本面的发展趋势，造成了大幅波动。此时的美股，随着连续降息的进行，金融业一跃成为市值占比最高行业，占比达 20.5%。医疗保健行业则持续稳定发展，占比提升至 14.9%，排名行业第二。此后，金融行业继续在低利率环境以及金融创新的支持下快速发展，互联网行业也进入稳定的恢复时期。到 2006 年时，美股的三大行业分别为金融、信息技术、医疗保健，占比分别为 22.3%、15.1%、12.0%。2008 年次贷危机对金融业造成了比较严重的打击，金融业占比迅速下降至 13.3%，但仍然排名第三。而信息技术及医疗保健业并非本次风暴的核心，占比上升至前两位，分别达到 15.3% 及 14.8%。2008 年之后，恢复元气的互联网，在智能手机大普及的背景下，驶入了移动互联网的快车道。随着硬件性能的提升、应用场景的多样化，互联网企业实现了从线上到线下，对各类生活场景的全面覆盖，以及对传统行业的渗透。2021 年，信息技术业占比也一路上升至 29.2%，接近互联网泡沫破裂前的高点。医疗保健继续占据了美股第二大行业的位置，占比 13.3%。必需消费则上升至第三位，占比 12.5%。此时的旧经济行业占比已经进一步萎缩，能源、原材料、工业合计占比仅不到 15%。

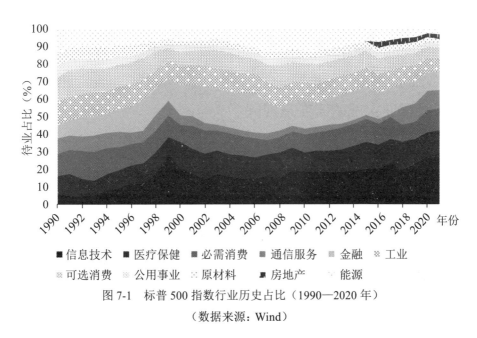

图 7-1　标普 500 指数行业历史占比（1990—2020 年）

（数据来源：Wind）

成长价值

人们通常喜欢将行业分为成长行业及价值行业来进行比较。在当今的股市中，通常将信息技术、医疗保健等新兴行业归类为成长股，将能源、原材料、工业等传统行业归类为价值股。但这样以行业来简单归类，只是为了方便描述。这样的行业分类只适用于当下的阶段，但在历史上并不是一成不变的。美国在快速工业化的过程中，这些现在看来的旧经济就是当时的成长股。直到美国产业结构升级，这些行业增速放缓，才逐渐变为价值股。而成长股则由新兴行业所取代。从过去 30 年标普指数行业市值占比变化可以看出，目前定义为成长类的行业正在逐渐取代价值类行业，也意味着成长股跑赢价值股。但我们看到的成长股持续跑赢价值股，并不意味着目前组成成长股的行业能够一直跑赢。目前的成长类行业也会面临发展瓶颈，被新一代行业所取代，自己则沦为价值股。因此，从大周期来讲，所谓的成长／价值风格切换其实是不存在的，切换的可能仅仅是组成成长／价值的行业。资金总是在追逐盈利的增长，成长股在长期必然跑赢价值股。价值跑赢成长仅仅是因政策环境、经济短周期的变化而导致的阶段性现象。

第二节
A 股行业构成的演变及成因

产业结构变化

A 股的历史较短，但自 1990 建立至今，也出现了明显的行业结构变化。这与我国产业结构转型的成功分不开。自 1978 年改革开放以来，我国就积极推进市场化经济的转型。在此过程中，我国的产业结构也实现了不断的升级。第一产业（农业）在国民经济中的比重不断下降，从 1978 年的 27.7% 下降至 2021 年的 7.3%，第二产业（工业）占比从 47.7% 下降至 39.4%，如图 7-2 所示。

新中国成立之初，我国的一大任务就是从生产力落后的农业国向现代工业化转型。因此，我国就致力于发展工业。不论是从 50 年代开始的从苏联引进外资、率先发展重工业，还是 1972 年恢复与西方的外交关系，承接其产业转移而引进大量西方设备，都是为了持续推动我国工业化的进程。第二产业占比自 1952 年的 20.8% 就开始一路上行，在 1980 年达到峰值（48.1%）。可以说，在改革开放之初，我国实际上就已经初步实现了工业化转型。但此时的工业化以重工业为主。从苏联引进的以军事需求为导向的国家工业，并不能在非战时期形成经济上的效益。改革开放开始之后，我国内地主要承接了以港澳地区为主的劳动密集型轻工业，因此第二产业占比出现了一段时间的下滑，第二产业占比小幅下滑至 1990 年的 41%。在 20 世纪 80 年代中期，纺织业、食品加工等轻工业是国内最大的工业部门。进入 90 年代，在我国推动沿海经济发展战略进入外向型的发展方向后，我国开始加大基础设施建设的投入，以增加我国在全球市场的竞争力。这一转变使我国以基建为主的重工业发展开始加速，使中国的基础设施较其他发展中国家更为完善，第二产业占比也再次回升至 45%

以上。石油及天然气开采业、化学原料及化学制品制造业、普通机械设备制造业、交通运输设备制造业等一批重工行业成为主要扩张领域。这也与90年代欧美向新兴市场进行的以资本密集型为主的产业转移相对应。2000年后，随着互联网的普及，通信设备、电子设备制造业开始蓬勃发展。进入2010年后，我国持续多年的外向型经济及被抑制的国内需求，实际上已经使我国的工业化进入明显产能过剩的阶段。如2008年的海外金融危机导致的需求锐减，很容易演变成我国的输入型危机。因此，在此之后，我国也相应调整发展战略，第二产业占比整体呈现下降趋势。截至2021年，第二产业占比已降至39.4%。此时，我国也已主动开始产业结构升级的过程，收缩部分早期落后产能，提出"三去一降一补"，进行供给侧结构性改革。但一旦进入产业结构升级，我国的工业结构与发达国家更加接近，就将直接和发达国家形成竞争，必将遭到阻挠，面临更大困难。2018年，中美爆发贸易争端，美国针对多家中国企业，尤其是科技企业进行制裁，就是在这样的背景下产生的。

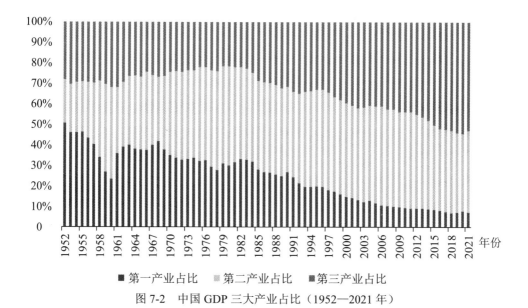

图 7-2　中国 GDP 三大产业占比（1952—2021 年）

（数据来源：Wind）

改革开放以来，事实上持续取代第一和第二产业的，是以服务业为代表的第三产业。第三产业占比从1978年的24.6%一路升至2021年的53.3%，成为我国第一大产业。其间不论中国经济如何转型，几乎没有下降阶段，说明中国的改革开放真正解放的是第三产业的生产力。有人可能会认为第三产业并不真正从事生产制造，与传统的物质生产关系较远，因此否定第三产业的价值。但事实上，积极发展第三产业才是我国能够顺利实现产业结构升级的关键。科学技术是第一生产力，而科技就属于第三产业。我们现在经常强调的创新、研发、教育等一系列重点发展领域，都属于第三产业的范畴。实际上，改革开放之前，我国持续进行了一段时间的非市场化工业改造，重点发展了以国家军事工业为导向的第二产业，但对于我国人民生活水平的提高有限。可以看到，在这一阶段，由于受到第二产业的挤压，第三产业占比是出现了下降的。

自改革开放以来，我国开始以扩张第三产业为主导的产业结构升级。随着第三产业整体的快速扩张，每个细分板块都经历了高速发展。但从在第三产业中占比的变化来看，如图 7-3 所示，1978 年，交通运输、批发零售等传统流通部门为当时最大板块，占比分别为 20.1%、26.8%。生产和生活服务部门的金融和房地产占比均在 8% 左右。其后，两大传统流通部门板块占比整体呈现下降趋势，截至 2021 年，交通运输业占比仅 7.7%，批发零售占比也下降至 18.1%，而服务部门中的金融及房地产业占比则分别上升至 15.0% 及 12.7%。

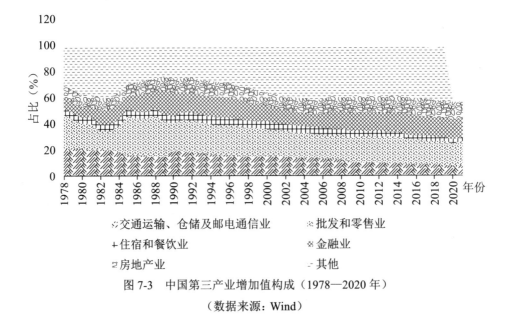

图 7-3　中国第三产业增加值构成（1978—2020 年）

（数据来源：Wind）

目前，我国金融业增加值占 GDP 比重约 9%，已经与发达国家水平不相上下，甚至已经超过部分发达国家。金融业占比在改革开放以后大幅增加，意味着我国现代服务业发展较为迅速，但这背后也意味着金融等虚拟经济挤占实体经济的风险。同时，从发达国家近几次危机爆发的根源来看，金融业的无序创新以及监管落后都难辞其咎。因此，需要谨防我国虚拟经济发生类似风险。

房地产业增加值占比也快速增长，2020年房地产业增加值占GDP比重达到7.3%。虽然从供给角度看，房地产业增加值占比不如金融业。但从需求端来看，房地产消费、房地产投资，以及对上下游行业的带动作用，实际已经成为我国的支柱产业之一。房地产业既带有实体经济的居住属性，又带有虚拟经济的金融属性。尤其是我国在20世纪90年代房改以来，房地产业得到了快速的商品化、货币化。房地产业作为住房的商品属性，随着我国城镇化的大力推进，成为我国居民最大的一类消费品。而其固定资产的金融属性，在我国货币规模快速扩张的时期，也成为我国居民最大的一类投资品。由于其实体经济的居住属性，房地产是我国居民生产生活中非常重要的一项，因此在数次经济周期的稳增长阶段发挥了重要作用。但在金融扩张周期中，房地产的金融属性逐渐占据主导地位。房地产作为金融资产自带高杠杆特点，使得房价增长大幅领先工资增长。当然，由于我国房地产市场化开始时间较晚，其间又伴随着快速城镇化，因此，在之前几轮收缩周期中，其商品属性的扩张周期部分抵消了其金融属性的收缩周期，我国房地产市场在金融收缩周期中并未发生明显下滑，给人一种房价会一直上涨的错觉。但当我国的住房保有量基本能够满足居住需求后，其商品属性的扩张周期结束，那其后房地产业的金融属性将使其经历完整的金融收缩阶段。房地产的巨大体量以及信用风险、地方财政风险，届时将成为我国潜在的系统性风险点。因此，近年我国对房地产市场的态度，以"房住不炒"为主，回归其居住属性，就是看到目前其金融属性的发展已经大幅领先其商品属性，需要停下来等待。这不仅是民生问题，更是金融风险问题。

我国经济在新中国成立初期就开始从第一产业向第二产业转型，又在改革开放后积极向第三产业转型。这其中包含了经济发展的必然规律，是从高速增长向高质量增长的必经之路。一般来说，以工业为主的第二产业占比扩大，提高了生产效率，进而推动经济增速的提高。但同时，第二产业产生的财富，又会扩大以服务业为主的第三产业降低第二产业占GDP的比重。由于第三产业并非线性提高劳动生产率的行业，而主要通过科技创新、组织创新等提高全要素生产率来推动经济增长。例如教育、科研等行业的投入，并不能够像增加一条生产线一样，短期带来产出，却能够通过长期积累带来生产效率的提高，甚至生产方式的变革。因此，随着第三产业占比上升，我国长期的经济增长出现结构性减速效应。但由于全要素生产率的提升，经济将从高速增长进入高质量增长阶段。

从发达国家的经验来看，第三产业占据经济主导地位意味着国家进入经济现代化阶段。从数量上看，目前我国已进入该阶段；但从质量上看，我国虽已成为制造业大国，但还谈不上制造业强国。早期完成的从劳动密集型到资本密集型的转型，基本上也是受发达国家产业转移推动，阻力相对较小。未来的重点是通过科技创新，推动产业升级。这是一个自我推动、自我革新的过程，并且要面对更多来自全球发达国家竞争的阻力。因此，第三产业发展的质量尤其重要。当然，从大类来看，金融和房地产代表的现代服务业已经占据了第三产业的主流。这是工业化之后财富增长的必然现象，更多的是经济发展的结果，并非未来经济持续高质量增长的原因。真正能够带来全要素生产率提高的第三产业，来自统计数据中，归类为其他行业的五花八门的各种产业，体量并不一定大，也没有什么固定的共同特征将其分类。但正是这些小而美的新兴产业所组成的合力，才是未来科技创新、产业升级的摇篮。目前，我国归类为其他的第三产业占比已经达到 42.3%。如果要举例的话，近几年快速发展的很多新业态和新商业模式，如互联网购物、互联网金融、移动支付、共享单车等，都可归入其中。但第三产业远远不止这些。当然，这其中有成功也有失败，有真也有假。因此，从风险的角度来看，未来发展的不确定性大幅增加。但同时，一旦在某一领域有所突破，带来的回报也是之前有章可循的发展所不能比拟的。我国的有些行业，如通信服务业，已经出现能够和发达国家竞争的实力。但更多的行业则是昙花一现。这种发展模式的关键在于，这些新兴行业能够不断更新、不断尝试，不用在乎某一次新业态的成败，只要整体呈现扩张态势，使新兴产业占比持续提高。在未来改革进入深水区后，很多新生事物的表现形式、发展规律及应用场景都是没有规律可寻的，这也是创新驱动发展的特征之一。要进一步发展第三产业，就需要对新生事物持包容的态度，允许各种尝试以及随之而来的极大可能的失败。

股市结构变化

中国股票市场建立的 1990 年，正是在我国推进外向型转型的初期。上海证券交易所第一批上市只有 8 只股票，人称"老八股"的延中实业、真空电子、飞乐音响、爱使电子、申华电工、飞乐股份、豫园商城、凤凰化工。深圳证券交易所第一批上市的仅 5 只股票：深发展、深万科、深宝安、深安达、深原野。1990 年，中国股票市场合计仅 13 只个股。由于数量少，因此也不可能全行业覆盖，13 只股票集中在工业、消费、信息技术及房地产业共 4 个行业。此时的 A 股市场刚刚诞生，一切都处在摸索尝试阶段，行业结构并不能代表当时中国经济的结构，仅能部分反映当时我国产业发展情况。

1993 年开始，随着上市公司的增多，A 股基本覆盖了全部 11 个一级行业。此时，流通市值占比最高的 3 个行业分别为可选消费（25.0%）、工业（23.8%）、房地产业（17.9%）。但如果从证监会细分行业来看，同样并未覆盖更多行业。1993 年上市公司行业主要涉及 14 大门类。制造业主要分布在机械设备制造（28.9%）、石油化工（21.2%）等传统重工行业，且集中度较高。服务业也以批发零售为主。这与我国 20 世纪 90 年代第二产业再次向机械设备制造等重工业转型、第三产业中流通部门占比仍高相一致。但此时，仍有大量细分行业上市公司为空白。

进入 21 世纪后，更多门类的企业在 A 股上市，并开始了股权分置改革，流通 A 股中上市公司的行业范围大幅增加，基本涵盖了我国当时经济的各个主要领域。此时 A 股的行业分布才算比较完整。这其中，不仅有一批传统产业的公司，也有一批代表该阶段我国产业转型升级的公司纷纷上市。上市公司中第二产业中传统的采掘业、公用事业、建筑业等占比均明显提升，在 2007 年分别达到了 27.3%、3.5%、1.3%。随着互联网的发展、计算机的普及，我国上市公司的制造业分布范围及占比进一步扩大，但其中机械设备制造、石油化工等重工业占比大幅下降，分散到生物医药、电子等多种新兴产业。同时，上市公司中第三产业的占比开始快速上升，主要是由于金融业占比的大幅提升，金融业在 2007 年占比已达到 25.7%，成为 A 股市场除制造业之外的第二大行业。

进入 2010 年，也就是后金融危机时代，A 股行业市值构成与中国经济产业构成出现了背道而驰的现象。经济产业结构上，2010 年后以制造业为代表的第二产业开始收缩，以金融、房地产业为代表的第三产业持续扩张。但在 A 股结构上，如图 7-4 所示，制造业占比则持续上升，从 2012 年的 35.0% 升至 2021 年的 58.8%，成为 A 股第一大行业。但金融业占比则从 2012 年的 24.4% 下降至 2021 年的 14.8%。同样，房地产业作为 A 股较早出现的金融属性行业，其市值占比也从 5.7% 下降至 2.2%。但作为第三产业中新兴行业代表的信息技术服务业，其占比则从 2012 年的 1.9% 升至 2021 年的 4.7%。

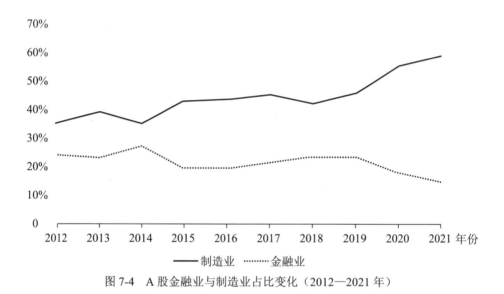

图 7-4　A 股金融业与制造业占比变化（2012—2021 年）

（数据来源：Wind）

　　这种 A 股市场结构和经济结构背道而驰的现象，意味着 A 股并不能准确反映我国的经济发展方向。这背后的原因，就要从我国股票市场分割的结构讲起。完整的中国股票市场，其实包含 3 个主要部分：A 股、港股及美国中概股。由于上市制度的不同，A 股的上市条件更为严格，一般只有已经具有稳定的盈利能力，且具有一定的市值规模的公司，才能在 A 股主板上市。而改革开放以来，我国形成了一批成熟的制造业企业，这就导致了 A 股主要吸收了这类优质的制造类企业，第二产业占比持续扩张。此外，在我国自主推动产业转型的过程中，产生了一批以互联网为代表的服务企业。该类企业由于在初期并不能产生盈利，但又需要大量资本投入进行研发及市场拓展，因此就选择上市条件相对宽松的港股以及美股市场，主要代表为港股及美股的腾讯、美团、阿里巴巴等互联网龙头。这一部分企业，在目前我国的第三产业中占有重要一席，但没有反映在 A 股市的市值中。**如果整体考虑全体中国股票的行业构成，那同样可以准确反映我国第三产业，**尤其是第三产业中新兴服务业的发展规模。

截至 2020 年上半年，全球市值最大 100 家公司中，中国公司有 13 家，合计市值约 3 万亿美元，市值占比约 12%，全球排名第二，仅落后于美国。入围的中国公司中，新经济企业占比达到了 47%。另外，还有一批中国的独角兽企业并未上市，或正在筹备上市。随着这批企业未来陆续 IPO，中国上市科技企业的规模将进一步扩大。

第三节
中美股市行业构成的差异及原因

要对比 A 股及美股行业，首先要采用相同的分类方法，才具有可比性。我国证监会将所有行业分成 19 大门类，主要按照 3 大产业来进一步细化。但国际上通用的行业分类方法为由标准普尔（S&P）与摩根士丹利公司（MSCI）于 1999 年 8 月联手推出的行业分类系统——全球行业分类系统（GICS）。美股主要采用该分类方法，但无我国证监会的分类方法。因此，为了方便对照，此处统一采用 GICS 的行业分类。GICS 共有 4 级行业分类，第一级包括 11 类行业。

从 A 股、美股的对照可知，A 股的行业仍然集中在传统周期行业。如图 7-5 所示，截至 2021 年底，工业、原材料、可选消费、金融、能源、房地产合计占比为 61.4%。美股方面，该 6 类传统周期行业在美股市值合计仅占 32.3%，远低于 A 股周期行业的占比。理论上，如航空、汽车等可选消费由于直接和居民收入、经济增速挂钩，在成熟市场中也属于周期行业。但在我国，由于过去不平衡的发展方式，消费需求一直以来都被投资和出口抑制。直到我国在最近几年积极促消费，带动经济结构再平衡的政策背景下，才开始逐渐得到释放，尤其我国开始强调以国内大循环为主的双循环发展格局，可选消费在目前体现出更多的成长属性。因此，从供给端来说，可选消费属于技术已经比较成熟，行业竞争格局稳定的周期行业。从需求来说，可选消费在我国同样可以归类为成长行业。但即使将可选消费列为成长股，从周期行业中剔除，A 股周期行业占比降至 51.6%，仍然大幅高于美股的 26.5%。A 股周期行业占比的领先优势依然明显。可作为成长股的可选消费业的供给已经比较成熟，盈利能力稳定，在 A 股的市值占比达到 9.8%，高于美股的 5.9%。而 A 股其他典型的成长股，由于同样属于我国产业结构升级期间发展起来的新兴行业，占比则普遍低于美股。A 股的信息技术及医疗保健占比分别为 16.0% 及 8.2%，低于美股的 29.2% 及 13.3%。事实上，信息技术及医疗保健已经是美股最大两类行业。**可见，A 股的周期行业占比更高，而美股的成长行业占比更高。**

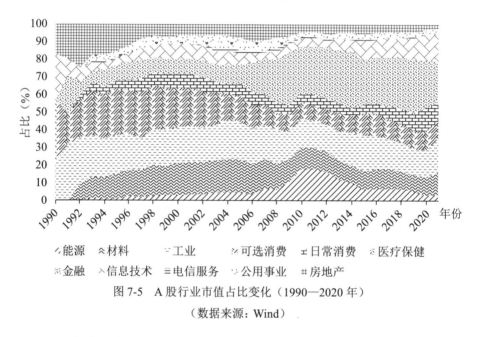

图 7-5　A 股行业市值占比变化（1990—2020 年）

（数据来源：Wind）

A 股周期占比高，成长占比低。其中一个重要原因，**是中国产业发展阶段仍然滞后于美国。**美国在其本国工业化进入成熟阶段之后，主动把一些劳动密集型、资本密集型产业向发展中国家转移，同时在本国积极推进产业结构升级，仅保留核心研发、设计等部门。而我国此时则刚刚打开国门，承接海外的产业转移，开始发展以复制西方工业化为主的制造业。这个过程，在强大的基础设施支持、政治稳定的大市场、供应充足的劳动力、以及各地竞赛式的招商引资中，使中国在一众发展中国家中脱颖而出，最终成就了"中国制造"这张名片。中国目前仍然是制造业大国。这也就造成了目前我国仍然以传统周期行业为主的现实。

事实上，中国从 2008 年之后，就已经出现经济增速换档的情况，同时快速工业化所带来的一系列问题也开始逐渐显现。早期经济体量能够快速增长，主要还是以自己的自然资源及廉价劳动力来换取发达国家的技术以及资本，复刻工业化进程。但最终这样的发展将受制于发达国家的核心技术及资本。可以说，这种复制西方工业化的模式已经走到尽头。同时，过去"两头在外、大进大出"的外向型的发展方式，确实解决了当时的财政危机及外汇危机，积累了大量外汇，但这也加剧了我国对外需以及投资的依赖，而国内则出现需求不足、产能过剩的情况，经济结构出现明显失衡。鉴于过去这种工业化模式所产生的种种问题，我国开始主动推进产业结构升级，积极转型第三产业，降低投资依赖及外需依赖，提高消费在经济中的比重。

在本轮经济结构转型中，中国在后发国家中处于领先地位，并且在产业迭代中通过一些改良，以及逆向研发缩小了与先发国家的差距。但由于我国整个近现代工业化都属于他山之石，虽然攻下了我国快速工业化的这块玉，却没有获得如何造玉的方法，某些关键领域的核心技术始终掌握在发达国家手中。目前阶段，产业升级的阻碍明显加大。

自 2018 年开始，美国加大对华科技企业的制裁，就清楚地揭示了我国产业升级中的这一软肋。最典型的例子就是芯片设计。2020 年 9 月 15 日，美国宣布禁止企业将拥有美国技术成分的芯片出口给华为。自此美国对华为的芯片管制令正式生效，台积电、高通、三星等多家半导体公司不再供应芯片给华为。芯片，又称集成电路，是信息产业的核心之一，是引领产业革命的关键力量，其发展程度可作为国家科技水平的重要指标之一。集成电路产业包括集成电路设计、芯片制造、封装测试 3 个关键环节。在全球的竞争格局中，美国仍然有较大的优势，核心制造商集中在美、日、韩等国家。虽然我国集成电路产业发展迅速，但在核心芯片市场中的占有率仍然较低，对高端芯片进口的依赖程度仍然较高。随着产业升级的持续，未来中国对高端芯片的需求将逐渐提高。同时，我国在先进光刻机、先进封测设备领域几乎空白。可以看到，我国近年集成电路的贸易逆差呈现扩大趋势。随着国际贸易保护主义的抬头，我国集成电路产业遇到了新的挑战，面临着瓦森纳协议、巴黎统筹委员会阻碍，在先进工艺制程、装备、材料、设计 IP、EDA 软件等各个产业链环节被"卡脖子"。我国半导体基础研究薄弱、产业技术储备匮乏的问题仍然突出。

另一个典型例子是苹果产业链的利润分配，它证明了掌握了核心技术的环节可以获得产业链中的多数利润。苹果手机产业链的核心，首先在苹果公司的产品研发及设计。其次就进入制造环节。这其中，手机成本的大头主要是上游各类核心芯片和屏幕，但并没有国内厂商能够参与。国内厂商主要集中在中游零部件及模组。而代工厂则是处在最底层的整体组装。这就导致苹果产业链的利润基本集中在苹果公司，苹果的毛利率接近 40%。而下游制造中，仅芯片及屏幕供应商能获得供应链的多数利润。国内厂商普遍利润率不高，如处在最底层的富士康，每年生产的 iPhone 占 60%～70%，利润率却只有个位数。

我国在产业升级的过程中，也诞生了一批优秀的本土企业。尤其在软件互联网应用方面，凭借中国巨大的市场以及政策的支持，在某些应用领域已经与发达国家处在同一水平，甚至有所创新。然而，目前我国互联网领域所采用的所有基础设施，包括底层语言、系统、协议等，均来自西方。再如我国"十四五"规划着重提及的新一代人工智能领域，2011 年以来，随着互联网、大数据、云计算等技术的兴起，人工智能伴随着机器学习、深度学习算法的快速发展，其应用场景得到了极大的扩充。我国也出现了一批优秀的人工智能平台，凭借在数据及应用场景上的优势，在图像识别、语音识别等方面表现突出。但作为发展人工智能中的另一基础关键因素——算法，我国很多平台还是沿用国外开源算法平台的资源，因此在算法上并未建立起核心竞争力。一旦未来相关人工智能企业受到西方制裁，很有可能再次重演安卓系统遭禁的危机。全球最大的开源代码托管平台 GitHub 就有条款表明不得出售、出口或再出口到限制清单中的国家。人工智能领域当前最流行的开源框架之一 TensorFlow，随着时间的推移，也会变得越来越复杂且不透明。单纯地依靠套用其程序模块来开发应用，就意味着放弃自主开发理解其核心算法，同样意味着放弃成为行业标准制定者的机会。即使我们应用做得再好，也将丧失自主权，最后必将受制于人。

过去的产业结构升级，属于顺应时代大潮，是跟随着别人升级的道路往上走，阻力相对较小。虽然我们通过自身的努力在逐渐缩短差距，但始终落后一两级台阶。而这样的升级模式也注定了不可能形成超越。从以上几个例子可以看出，发达国家已经加大了对我国产业升级的限制，尤其在新兴科技行业施加了层层阻挠。就如同改革进入深水区一样，我国的产业升级也进入了深水区。而自主科技创新的本质就是长周期、高不确定性。未来前进的速度可能会放慢，但前进的脚步不会停歇，方向不会改变。我们需要力争在下一代技术及产品上做到先发优势，掌握行业话语权，建立自己的行业标准及生态。

除了产业结构升级本身落后之外，A股和美国行业结构差异的另一原因是**A股上市制度导致的**。我国目前A股主板发行仍采用核准制，对业绩有一定的要求。例如，要求最近3个会计年度连续盈利且净利润累计超过3 000万元（净利润以扣除非经常性损益前后较低者为计算依据）；最近3个会计年度经营活动产生的现金流量净额累计超过5 000万元，或者最近3个会计年度营业收入累计超过3亿元。除了这些量化财务条件之外，还有许多公司治理与规范运行方面的要求。中小板及创业板上市要求较主板有所放宽，但仍然要求上市企业具有盈利能力。很多新兴行业的科技企业，在发展初期，不但难以获得稳定盈利，还要花大量资金进入研发投入及市场开拓，难以满足A股主板上市的要求。而我国成熟的工业化体系，造就了一批盈利稳定的周期类企业在A股上市，导致了A股周期类上市公司占比明显高于美股，而成长类上市公司占比相对较低。

从A股IPO数据来看，如图7-6所示，自2000年以来，周期行业首发融资占比达到66.2%，占绝对主要地位。周期行业中，工业占比最高，达到全部IPO金额的22.6%，与我国工业化进程相一致。其次为金融业，占比达到17.4%，代表我国现代服务业为主的第三产业发展。成长行业占比约在24.1%，其中，信息技术业占比16.2%，医疗保健业占比8.0%。单从行业来看，信息技术在A股IPO的占比不低，仅略低于金融，排名行业第三，主要受益于西方信息技术产业链的全球化布局。

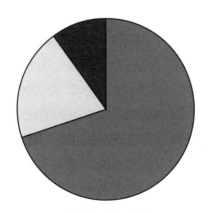

■周期 ■成长 ■防御

图7-6　A股三大类行业首发融资规模占比

当然，这种由于制度性的原因，导致 A 股结构性的失衡，不能准确反映中国产业结构以及与美股之间的差异，也必须通过制度创新来解决。2018 年 11 月，习近平总书记在首届中国国际进口博览会上提出设立科创板并试行注册制。2019 年 6 月 13 日，科创板正式开板。设立科创板，就是为了解决我国当前多层次的资本市场体系在上市条件上差异化不明显的问题。主板与中小板、创业板的上市条件重叠度较高，没有形成阶梯差异化。我国多层次的资本市场体系在功能定位上局部有所偏差，未能有效服务创新企业。无论是创业板还是新三板，发展至今都没有达到当初设想的推动科技创新型企业上市融资的目标。过去的新三板其实最接近于注册制，但是由于一直没有实行连续竞价制度，投资者门槛设立过高，导致成交不活跃，实际上属于场外市场。而科创板的定位就是聚焦国家创新驱动和科技发展战略，为科技型企业服务，补齐资本市场服务科技创新的短板，成为资本市场基础制度改革创新的"试验田"。在科创板注册制试行一周年之后，创业板也开启注册制改革。2020 年 6 月 12 日，创业板注册制全套规则正式出台。2021 年 11 月 15 日，北交所正式开市，进一步将注册制改革推向深入。2021 年 12 月 10 日，中央经济工作会议指出，要全面实行股票发行注册制。进入 2022 年，A 股将迈入全面注册制时代。

第四节
中美股市行业集中度对比

从中美股市整体市值对比来看，如图 7-7 所示，截至 2021 年底，美股仍然为全球最大股票市场，美国 3 大证券交易所：纽约证券交易所主板（NYSE）、纳斯达克证券交易所（NASDAQ）、美国证券交易所（AMEX），合计共有超 6 000 只股票，累计市值达到 69 万亿美元，为全球最大股票市场。相比之下，我国 A 股市场共有约 4 700 只股票，累计市值约 90 万亿人民币（约 14 万亿美元），仅占美股市值的 20%，为全球第二大股票市场。另外，我国还有港股市场，共约 2 500 只股票，累计市值约 5.4 万亿美元。若将 A 股与港股合并计算，那我国股市规模约占美股的 30%。

得益于经济体量的快速增长以及资产证券化的加速推进，我国股市的市场规模在过去 10 年快速增长，年化增速达到 14.8%，高于美股年化 9.0% 的增速。但我国股市却没有世界级体量的大公司。普华永道（PwC）根据全球上市公司 2021 年 3 月 31 日的股票市值计算的 2021 全球上市公司市值排行榜显示，全球上市公司 100 强中有 59 家企业总部位于美国，以绝对优势占据全球第一。中国有 14 家企业上榜，虽然位列全球第二，但绝对数量却大幅少于美国。排名前十大的公司多由美国企业占据，中国企业仅腾讯及阿里巴巴上榜，分列第七及第九位，且都是港股及美股上市公司。

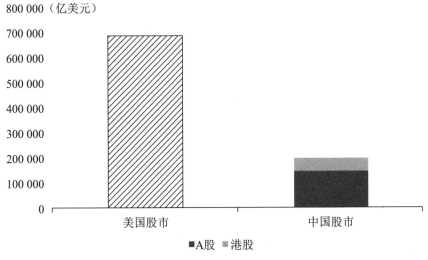

图 7-7　中美股市市值规模对比

（数据来源：Wind）

美股市值构成中，以标普 500 指数为例，截至 2021 年 3 月 1 日，标普 500 指数成分中，前五大公司分别为苹果（APPLE）、微软（MICROSOFT）、谷歌（ALPHABET）-A、亚马逊（AMAZON）、特斯拉（TESLA），合计市值占比达到 23.6%，即 5 家公司占据了美股近 1/4 的份额，且全部为科技类企业。从市值分布来看，万亿美元以上市值公司数量占比仅 0.8%。其后，随着市值区间的下移，公司数量逐渐增多。100 亿～ 250 亿美元市值区间，公司数量最多，占比达到 35.9%。

A 股方面，以沪深 300 指数为例，前五大成分股分别为贵州茅台、工商银行、宁德时代、招商银行、中国石油，合计市值占比为 16.6%，龙头集中度要弱于美股。且前五大成分股中，仅宁德时代属于动力电池新兴产业的制造商，其余多为传统能源、金融及消费，与 A 股整体的周期强、成长弱的行业结构特点相一致。A 股公司规模普遍小于美股，即使龙头企业贵州茅台，其市值也仅为美股龙头苹果的 14%，在美股也仅能排到第 15 名。其余 4 家 A 股龙头也都仅为美股相应排名龙头市值的 10% ~ 20%。从市值分布来看，如图 7-8 所示，A 股尚未出现万亿美元级别公司，2 500 亿 ~ 5 000 亿美元区间仅茅台一家，数量占比仅 0.3%。其后，随着市值区间的下移，公司数量逐渐增多。与美股相同的情况在于，A 股公司分布最多的区间也是在 100 亿 ~ 250 亿美元，对应人民币约 600 亿 ~ 1 500 亿元，占比达到 33.3%，与美股相近。可见，无论中美股市，多数上市企业的发展规模主要集中在该区间，只有少数能够往上发展。随着市值区间的继续下移，A 股公司数量占比也出现下降，但 A 股小市值公司数量占比明显高于美股，并且市值下限更低。标普 500 指数中最小市值公司停留在 50 亿 ~ 100 亿美元，占比仅 6.0%。而 A 股在该区间占比仍有 25.8%。此外，A 股在 25 亿 ~ 50 亿美元区间及 25 亿美元以下区间，仍分别有 16.3% 及 6.2% 的数量占比。

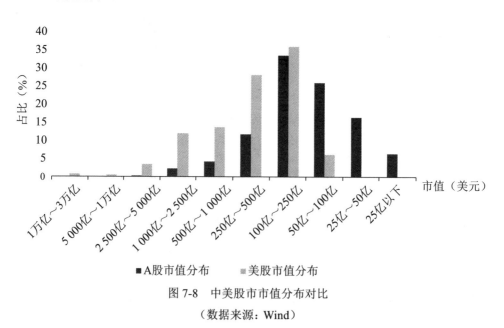

图 7-8　中美股市市值分布对比

（数据来源：Wind）

因此，整体来看，A 股市场集中度不如美股，上市公司规模也不如美股。但作为发展中国家的股市，A 股也正在朝着集中化方向发展。随着机构投资者及海外投资者占比的提升，A 股市场资金也逐渐集中于头部大市值公司。A 股的成交集中度较过去有了大幅提高，市值排名前 10% 的公司成交额占比达到了 40%，但相较于发达市场仍然有一定差距。美股市值排名前 10% 的公司成交额占比超过 50%。成交集中度的提升，其背后的原因在于 A 股投资者机构化程度的提升，带来资源配置效率的提升。优质资产能够获得更高估值溢价以及流动性溢价，使得代表市场主体的大市值股票能够获得足够资金的配置。虽然大市值股票的短期回报不一定高，但其稳定的业绩以及行业地位，甚至较高的现金回报，都是长期配置型资金的首选。而中小盘股，虽然有较高的潜在增长，但同样也伴随着较大风险，其较低的流动性也不适合大资金的配置，只适合小部分追求高风险、高回报的资金进行交易。但由于大部分资金仍然集中在大盘股，大盘的稳定性并不会受到太大影响。只有大盘股有较高的交易集中度，才能维持市场整体长期、健康发展。

第八章

交易规则

第一节
美股交易规则简介

美股主要市场

所谓美股市场，其实是由多间交易所共同构成的。美国主要交易市场共有3个，分别是纽约证券交易所（NYSE）、纳斯达克证券交易所（NASDAQ）、美国证券交易所（AMEX）。纽约证券交易所是美国历史最悠久，规模也最大也最为成熟的证券市场，至今已有200多年的历史，上市股票超过3 000只。作为美股的主板市场，纽约证券交易所上市条件也较为严格，多为业绩优异、盈利稳定的企业。世界500强等著名的大企业多在纽交所上市。纳斯达克证券交易所成立于1971年，历史不长，但它是成长速度最快的市场之一。纳斯达克证券交易所目前是美国上市公司最多、交易最为活跃的交易所。纳斯达克的上市公司大多处在新经济行业，包括所有高新技术行业，如软件互联网、硬件科技、通信、生物技术、新能源、现代零售等。美股目前市值最大的股票，也都集中在纳斯达克。美国证券交易所为美国第三大股票交易所，是唯一能同时进行股票、期权和衍生产品交易的交易所，其关注中小型企业，成为中小市值公司的最佳交易所。另外，美股还有一些非主流市场，如粉单市场（PS）以及场外交易市场（OTC）。其中，纳斯达克证券交易所是我们相对较为熟悉的交易所。我国的互联网龙头，如阿里巴巴、百度、京东，以及早期的新浪、网易、搜狐等，都选择在纳斯达克上市。

美股交易时间

美股正常交易时间为周一至周五美国东部时间9:30—16:00，中间没有午休。但由于美国存在夏令时、冬令时之分，因此，对应的北京时间也会有差异。夏令时（每年3月的第二个星期日至11月的第一个星期日采用夏令时）

为北京时间 21:30 至次日 4:00，冬令时（每年 11 月的第一个星期日至次年 3 月的第二个星期日采用冬令时）为北京时间 22:30 至次日 5:00。美股开盘集合竞价及收盘集合竞价时段分别为 9:28—9:30 及 15:50—16:00。

另外，美股还有盘前、盘后交易时段。盘前交易时段为美国东部时间 4:00—9:30，即北京时间 16:00—21:30；盘后交易时段为美国东部时间 16:00—20:00，即北京时间 4:00—8:00。冬令时则北京时间全部延迟 1 小时。但交易美股的各家券商之间也会有所区别。盘前盘后交易时段，一般成交比较清淡，流动性较正常交易时间大幅下降，买卖盘之间的差价也会随之扩大。由于流动性的下降，通常只有大型公司才会出现盘前盘后交易。当然，当重大事件出现时，如公布财报、公司运营数据等，中小型公司的盘前盘后交易也开始活跃。盘前盘后交易可以令部分投资者在正常交易时间外，及时对重大讯息做出反应，有利于价格发现的过程，从而降低股价在正常交易时间的波动。同时，延长的交易时间，也能够满足全球不同时区投资者交易美股的需求。当然，盘前盘后交易时段，投资者所要承担的波动性风险及流动性风险也大幅提高。

美股涨跌幅限制

美股针对市场指数及个股分别采用不同的涨跌幅限制政策。对于指数，主要采用交易熔断机制来应对突发事件。1987 年 10 月美国股市大跌，并引发全球股市恐慌性下跌，此即所谓的"黑色星期一"事件。纽约证券交易所为降低市场剧烈波动及保障投资人信心，于 1989 年 10 月起实施熔断机制。当市场波动超过预设启动点时，交易所必须采取交易中断或暂停措施。早期熔断机制启动点每季度更新一次，启动交易熔断机制的点位分别是道指上一季最后一个月的平均点位下跌 10%、20% 及 30%。但该熔断机制启动点在实施后仅在 1997 年触发过一次，2010 年美股崩盘时并未触发熔断，实际作用有限。因此，美国证监会于 2012 年 6 月更新了熔断机制规定，将启动点从下跌 10%、20%、30%，缩小为 7%、13%、20%；暂停交易时间由 30、60、120 分钟，缩短为 15 分钟；标普 500 指数取代道指，成为衡量市场下跌幅度的基准；下跌的参照水平由现行每季计算改为每日计算，根据上一个交易日而定。

另外，美国证监会为了防止个别上市证券价格超过特定涨跌幅的交易，对个股设置"限制价格波动上下限"机制（Limit Up /Limit Down），规定股票和ETF价格在5分钟内波动超过10%，就会中断交易5分钟。对于标普500指数、罗素1000指数成分股，以及部分流动性较高的ETF产品，其限制涨跌幅为该证券前5分钟平均价格的上下5%。而涨跌幅度在开盘和收盘时段将放大一倍，股价为3美元以下的个股，其涨跌幅度也会放宽。

美股交易制度

美股实行T+2交割制度，T是成交日期，就是说今天成交的股票，证券公司和CCASS（中央结算及交收系统）在清算后，会在第二个工作日进行资金交收和股票交收，之后才能对资金进行使用。

美股实行T+0交易制度，当天买入的股票可以当天卖出，即所谓的日内交易。但要做到T+0交易需要满足一定的条件。根据投资者股票交易账户的不同，美国对日内交易有着不同程度的监管规则。美股账户通常分为现金账户及信用账户两种。现金账户对投资者资金要求较低，适合新手或不愿意采用杠杆交易的投资者。因此，为保护投资者及控制风险，该类账户的日内交易被严格限制。同一笔资金只有在上一笔交易交割完成后，才可以再次进行交易。如若违规，现金账户的日内交易将主要涉及两种违规条例，不担风险获利（Free Riding）和诚信违规（Good Faith Violation）。当投资者没有补足足够资金偿付首笔买入交易，则被判定为不担风险获利，投资者账户将面临90天的冻结。当投资者账户内有足够的资金偿付首笔买入交易。则被判定为诚信违规。每个投资者被允许在连续12个月发生不超过3次的诚信违规操作，如若超过，账户将同样会面临90天的冻结。因此在现金账户交易之前保证存入充足资金，能够有效避免使用未完成交割的资金买股票的情况。或者，开通成为信用账户。

信用账户的开户资金要求相对较高，一般最低存款要求达到2 000美元。由于该类账户采用保证金交易的方式相对复杂，为了有效防范日内交易所带来的风险，美国制定了典型日内交易者（Pattern Day Traders）规则。当投资者账户资产总值在2 000 ~ 25 000美元之间时，在5个交易日内，其信用账户如有超过3次的日内交易，即被认定为典型日内交易者。但由于账户资产不足25

000 美元，该账户会被禁止交易 2 个工作日等待资金交割，之后会自动转为现金账户进入全额结算，并在现金账户状态维持 90 天，90 天之后需要重新申请信用账户。

当投资者账户资产总值超过 25 000 美元时，在 5 个交易日内，其信用账户如有超过 3 次的日内交易，且这些日内交易的次数占当期总交易次数的 6% 以上，即被认定为典型日内交易者。由于账户资产高于 25 000 美元，其频繁日内交易并不违规，但要求投资者账户资产始终保持在 25 000 美元以上。也就是说，因频繁日内交易而被认定为典型日内交易者的账户资产必须达到 25 000 美元，才能真正进行 T+0 交易，否则将会因违规而被转为现金账户。

融资和融券

融资就是我们平时说的杠杆交易，允许投资者以自己账户中的资金或者股票作为质押，向券商借入更多资金用于购买股票，并在之后将股票卖出偿还本金和利息。融券就是我们平时说的做空交易，允许投资者以自己账户的资金或者股票作为质押，向券商借入更多股票进行卖出，并在之后从市场买回股票还给券商并支付利息。融资融券均为通过保证金入市交易。在还清融资融券贷款及利息后，任何利润或损失均属于投资者。根据美国金融业监管局（FINRA）规定，美股投资者的信用交易账户中初始净资产最低应备有 2 000 美元或 100% 价格买入合格股票，取其中较低数，这将被用于贷款的抵押。

保证金分为初始保证金与维持保证金两种。初始保证金是指信用交易总金额占交易总额的百分比。美国联邦储备委员会规定，初始保证金比率为 50%，即如果将投资者信用账户中的所有资产进行交易，可以双倍投资于合资格证券。

多数证券公司设置的最低维持保证金要求高于美国金融业监管局当前 25% 的要求。一般的维持保证金要求为：对于大多数被美联储认为合资格股票以及股价高于 4 美元的股票，维持保证金要求为 30%；对于股价在 2 ~ 4 美元的可融资股票，维持保证金要求为每股 2 美元；对于所有 2 美元以下的股票，维持保证金要求为 100%；对于股价在 5.01 ~ 16.67 美元的可卖空股票，维持保证金要求为每股 5 美元；对于股价在 2.5 ~ 5 美元的可卖空股票，维持保证金要求为 100%；对于所有股价在 2.5 美元以下的可卖空股票，维持保证金要求为每股 2.5 美元。

由于投资者信用账户中可融资证券的价值用于贷款的抵押，因此投资者的净资产需要满足或超过维持保证金要求的最低水平。如果降到太低，证券公司将会要求投资者通过卖出证券、买入补回卖空仓位、平仓期权等操作来增加保证金水平。或者，投资者也可追加现金或可融资证券到账户中，来增加保证金水平。在融资融券账户中，可以作为融资融券抵押物的合资格证券主要包括：在美国三大交易所挂牌的多数证券；持有 30 天以上的多数共同基金；由美联储批准的场外股票以及部分公司、市政及政府债券。

投资者开设融资融券账户，并通过合资格证券抵押借款进行交易的优势在于：通过杠杆投资，增加购买力来把握市场机会，提高潜在资本回报率；购买额外的可融资证券，通过现金股息增加当前收入；券商提供有竞争力的利率，可作为传统借款来源的替代品；改善流动现金状况，用作透支保护；部分情况下，保证金利息亦可抵税。杠杆投资可以使投资者以相对少量的资金发挥更大的作用。如果借款买入的股票上涨，投资者可以获得更高的利润。但如果股价下跌，损失也会放大。因此融资融券既是一种有用的工具，但同样也增加了投资风险。

其他投资工具

除了融资融券外，美股还有多种金融衍生工具用以做多或者做空，包括个股期权、指数期权、股指期货等。期权又称选择权，是一种衍生性金融工具，是指买方向卖方支付期权费（指权利金）后拥有的在未来一段时间内（美式期权）或未来某一特定日期（欧式期权）以事先规定好的价格（指履约价格）向卖方购买或出售一定数量的特定商品的权利，但买方不负有必须买进或卖出的义务。期权可以分为看涨期权以及看跌期权，投资者可以通过买入看涨期权或卖出看跌期权来做多股票，亦可买入看跌期权或卖出看涨期权来做空股票。另外，也可通过各种期权的组合，来形成不同风险敞口的投资策略，如跨式期权组合（Straddle）、宽跨式期权组合（Strangle）、蝴蝶式期权组合（Butterfly）等多种组合形式。此外，除了个股期权，还有指数期权。美股中的标普 500 指数、纳斯达克指数、道琼斯指均有期权产品，但个人无法卖出期权。投资者也可利用股指期货产品来投资指数，但期货交易和股市是分开的，且可选种类相对较少，流动性较低。

美股市场上，还有品种丰富的 ETF 可供选择。ETF，又称为交易所交易基金，是一种在交易所上市交易的、基金份额可变的开放式基金。除了最常见的美股三大指数 ETF，ETF 还可细化到各个行业、各个国家地区、主要大宗商品、主要国家汇率以及各种概念指数。ETF 还可自带杠杆，如 2 倍标普 500 指数 ETF、3 倍纳斯达克指数 ETF 等，即使没有使用保证金交易，也可为投资者放大潜在受益，当然风险也随之上升。美股主要的正向 ETF 产品，均有相应的反向品种，并且同样可以增加杠杆，方便投资者做空相应标的。除了对本身可投资的标的资产有 ETF 外，对一些不可投资的标的资产，如恐慌指数（VIX），美股也有相应的 ETF 产品。

第二节
中美股市交易规则对比

A 股交易市场

A 股市场分为主板、创业板、科创板和新三板这 4 类不同的板块。主板市场也称一板市场，是指传统意义上的证券市场（通常指股票市场），是我国证券发行、上市及交易的主要场所。主板上市的企业要求最高，主要包含经营稳健、盈利能力高的大型成熟企业。一般各行业的龙头企业都在主板上市，但主要集中在传统行业。如银行业中的四大银行、白酒行业龙头贵州茅台等，都在主板市场上市。由于主板上市较高的盈利要求，我国新兴行业的龙头，如腾讯、阿里巴巴等，在当年盈利能力较弱时，选择了境外上市。

创业板市场又被称为二板市场，是为具有高成长性的中小企业和高科技企业融资服务的资本市场。创业板市场是不同于主板市场的独特资本市场，具有前瞻性、高风险、监管要求严格以及明显的高技术产业导向的特点。与主板市场相比，在创业板市场上市的企业规模较小、上市条件相对较低，中小企业更容易上市募集发展所需资金。

科创板是我国首个实行注册制的场内市场，主要服务于符合国家战略、突破关键核心技术、市场认可度高的科技创新企业。科创板上市企业普遍具有技术新、研发投入规模大、盈利周期长、技术迭代快、盈利能力不稳定以及严重依赖核心项目、核心技术人员、少数供应商等特点，因此企业上市后的持续创新能力、主营业务发展的可持续性、公司收入及盈利水平等仍具有较大不确定性。

新三板市场即为全国中小企业股份转让系统，主要为创新型、创业型、成长型中小微企业发展服务。新三板设立创新层、基础层和北京证券交易所（精选层），分别纳入符合不同标准的挂牌公司。境内符合条件的股份公司均可通过主办券商申请在新三板挂牌，公开转让股份，进行股权融资、债券融资、资产重组等。新三板股票转让方式可以采用协议方式、做市方式、竞价方式或其他证监会批准的转让方式。新三板构成了小微企业，特别是创新型小微企业直接融资的重要平台，是我国多层次资本市场的重要一环。

A 股交易市场和美股比较

我国多层次的资本市场内部，各板块定位、功能均有侧重。沪深主板主要为大型成熟企业服务，可对标美股的纽交所。创业板聚焦高成长性的中小企业，功能上类似于美股的美交所。科创板聚焦成长型、创新型科技企业，主要对标美股的纳斯达克。新三板则主要服务于创新型、创业型、成长型中小微企业，可对标美股的 OTC 市场。但与美股等发达国家股市相比，我国多层次资本市场仍处于建设完善阶段。在交易时间、交易制度、盘中稳价机制、做空机制、投资品种等方面还存在一些不同。

A 股交易时间

A 股交易时间为周一至周五 9:15—15:00，主要分为 3 个时段：开盘集合竞价，盘中连续竞价，收盘集合竞价。

开盘集合竞价时段为 9:15—9:30，此时段又分为 3 段：9:15—9:20 投资者可以挂单及撤单；9:20—9:25 投资者可以挂单但不能撤单；9:25—9:30 投资者可以挂单及撤单，但数据不提交交易所，要等到 9:30 才会提交数据到交易所。开盘价于 9:25 产生，须同时满足 3 个条件：成交量最大的价格；高于开盘价的买入或者低于开盘价的卖出全部成交；与开盘价相同的买卖双方，有一方全部成交。

盘中连续竞价时段为 9:30—11:30、13:00—14:57，中间午休 1.5 小时。连续竞价是指对买卖申报逐笔连续撮合的竞价方式，系统将按照价格优先时间优先的原则，确定每笔证券交易的成交价格。

收盘集合竞价时段为 14:57—15:00。该时段只可挂单，不可撤单，最后以成交量最大的价格作为当日收盘。早先该时段上海证券交易所仍为连续竞价交易，收盘价为当日最后一笔交易前一分钟所有交易的成交量加权平均价。自 2018 年 8 月 20 日起，上海证券交易所调整收盘交易机制，同样实施 3 分钟收盘集合竞价。

A 股交易时间与美股区别

A 股与美股的交易时间相比，最大的区别在于 A 股交易时间偏短。以正常交易时间来算，A 股每个交易日仅有 4 个小时交易时间，而美股则有 7.5 个小时，并且美股中午不休市。若考虑盘前及盘后交易时段，美股交易时间达到了 16 个小时，为 A 股交易时间的 4 倍。交易时间延长以及没有午休，意味着每个交易日之间的间断时间缩短，交易日内没有间断，有利于提高交易的连续性。一个能够连续交易的市场，可以更好地避免因交易时间限制导致的交易拥挤。尤其是在有重大突发事件时，除了事件本身对股价的影响之外，市场行为因素有可能造成股价过度波动。延长交易时间，能够将在非交易时间发生的事件影响，通过盘前、盘后交易部分释放，并在更长的交易时间段内充分反应，加快市场对事件的定价过程，降低股价在正常交易时段的波动。因此，美股更长的交易时间，导致其交易连续性更好，使得美股风险更低。A 股则可以进一步延长交易时间。

A 股交易制度

A 股目前实行 T+1 交易以及交割制度。所谓 T+1，实际上指的是交割制度。而我们通常所说的 T+1 交易制度，更多指的是 A 股不能进行日内回转交易的意思。但日内回转交易，从字面上解释，是指投资者在同一个交易日内，对同一只股票各完成一次买入和卖出的交易，不分先后。因此，理论上日内回转交易包含两种情况：当日买入再当日卖出；当日卖出再当日买入。而实际上，我国 A 股市场是允许第二种情况的，即日前已经持有的股票，可以在当日卖出后再在当日买入，但不允许第一种情况，即当日买入的股票不可以在当日卖出。因此，T+1 交易制度在我国就仅限于描述日内回转交易的第一种情况。

A 股的这种 T+1 交易制度，就导致了一种非对称的交易限制，使得买入交易更加容易，卖出交易更加困难。实行 T+1 交易制度的初衷是为了抑制市场过度投机炒作的风气，降低市场的波动性，提高可投资性。1992 年，上交所曾经取消过 T+1 交易制度，实行 T+0，但由于当时我国正处在"四热"时期，社会投机氛围强烈，A 股又处在刚刚建立的萌芽期，缺少监管，导致股市出现严重的投机炒作现象。于是，1995 年，我国为实现股市平稳运行，再次回到 T+1 制度。

但 T+1 制度在抑制日内短期的投机炒作之时，带来了中期的投机性泡沫。尤其是在我国证券市场仍以个人投资者为主的时期，市场普遍信噪比较低，难以形成一致预期，在交易制度上施加不平衡约束，将会刺激更多投机性交易，加剧市场波动。我国股市在实行 T+1 制度期间，股市波动率仍然明显高于实行 T+0 的发达市场。此外，T+1 制度变相减弱了市场的价格发现功能，延长了市场对资产定价所需的时间。

T+1 交易制度下，看多的投资者买入没有限制，但由于当日不能卖出，市场一部分卖盘受到限制，这就导致了当日实际股价高于原来买盘及卖盘所形成的均衡价格。在市场上涨的阶段，市场情绪持续乐观，每个交易日都是买盘充分反映，卖盘由于 T+1 限制只能部分反映。经过一段时间积累后，买卖盘之间的累计差异造成股价涨幅远高于实际市场供需情况，最终产生泡沫。当市场情绪出现反转时，买盘减少，卖盘增加。虽然部分卖盘仍然受到 T+1 限制，不能当日卖出，但仅仅能够延缓当日跌幅。急于出货的卖盘将会第一时间在 T+1 日开盘卖出，造成开盘时卖压集中释放，最终迫使卖盘折价出货。而买盘在开盘价不确定性增加的情况下，也需要寻求更高的折扣来入货，这就导致了买盘需求同样被限制。最终，在卖盘供给释放以及买盘需求受限的共同作用下，有可能造成 T+1 日大幅低开的局面，导致实际价格下跌并未减少，但由于早期上涨时形成的泡沫，徒增了市场的波动。

T+1 制度对个人投资者的限制要高于机构投资者。当个人投资者面对价格下跌时，由于 T+1 制度而不能立刻卖出止损，但机构投资者凭借较大的资本规模，却可以运用股指期货等各类金融衍生工具对冲风险，这将个人投资者摆在了更加不利的地位。T+1 制度在保护了市场的同时，也保护了机构投资者。而我国占比较高的个人投资者，在交易行为中所展现的羊群效应、踩踏效应，恰恰是市场最大的风险源。但同时，由于风险承受能力较低，个人投资者也是自身行为的最大受害者。

A 股交易制度与美股区别

美股市场及全球其他主要股票市场，均采用 T+0 交易制度，即允许完整的日内回转交易。T+0 交易制度对投资者日内交易行为不施加额外限制，因此将释放此类交易需求，有助于活跃市场，增加股票成交量，提高股市流动性。从我国 1992—1995 年期间短暂实施 T+0 的情况来看，交易量有明显提升。在国际主要证券市场，日内交易占市场总交易量的比重通常在 15% 以上。除了增加交易活跃度，被解除当日卖出交易限制的股票也能够立刻参与到市场定价的过程中，从而加速价格发现，使市场价格能够真正反映市场供需。

采用 T+0 交易制度，同样也增加了投资者获利的手段。资金可以灵活地进出，使高频量化交易能够得到发展空间。在美股，量化投资经过数十年发展，已经成为一种成熟的投资手段。目前美国量化交易规模占比达到约 10%，成交额占比达到 70% 以上。而量化交易中，高频交易又是主流。目前，美股机构投资者中高频量化基金的交易已经超过了低频量化基金的两倍。因为计算机算法、算力等量化交易的优势能够在高频交易中发挥到最大。多数高频交易策略的特点之一就是不持仓过夜。如果在采用 T+1 交易制度的 A 股市场，典型的高频交易就难以展开。

采用 T+0 制度是成熟股票市场的标志之一。我国若要与国际市场进一步接轨，吸引外资投资 A 股，实行 T+0 也是大势所趋。但在 A 股个人投资者占比仍然较大的情况下，在主板推行 T+0 制度存在较大系统性风险。作为改革试验田的科创板可率先推行 T+0 配套制度改革，待成熟后再全面推广至主板市场。

A 股涨跌幅限制

A 股实行股价涨跌停板制度。涨跌停板制度是证券交易所为了抑制过度投机行为，防止股市发生暴涨暴跌，规定每个交易日的证券交易价格在前一个交易日收盘价的基础上波动的幅度，即每天市场价格达到了波动上限或下限时，不允许再有进一步上涨或下跌。股票价格上升到幅度上限称为涨停板，而下跌至幅度下限称为跌停板。当股票达到涨停板时，将暂停买入，仅允许卖出；当股票触及跌停板时，将暂停卖出，仅允许买入。

A 股市场有主板、创业板、科创板和新三板这 4 类不同的板块，根据风险等级的差异，各板块的涨跌幅限制也有所不同。对于 A 股主板上市企业，一般市值相对较大、流动性较高，且有良好基本面支撑，因此股价在正常情况下不易出现大幅波动。交易所目前对主板实行的涨跌幅限制为 10%。但对出现了风险警示的股票（ST 股票及 *ST 股票），涨跌幅限制减少为 5%。创业板及科创板均为二板市场，是为暂时达不到在主板上市条件的科技类、创新类成长型中小企业提供融资的证券交易市场。该类板块的上市企业多处在初创期，企业经营风险相对较高，股价波动较大。因此创业板及科创板的涨跌幅限制均扩大为 20%。新三板全称为"全国中小企业股份转让系统"，是一个场外交易平台，主要分为：基础层、创新层、北京证券交易所（精选层）。基础层和创新层的涨跌幅限制为 50%，北京证券交易所为 30%。

股票市场的波动主要分为两种：一种为投资者对股票价值预期发生变化而导致的波动，主要由信息交易者产生；另一种为投资者没有明确目的的随机交易而导致的波动，主要由流动性 / 噪声交易者产生。实行涨跌幅限制的主要目的就是防止股价当日因噪声交易而产生的大幅随机波动。但事实证明，涨跌幅限制对股市波动性、流动性、有效性均存在不利影响。在波动性方面，由于股价达到涨跌幅限制时，交易立刻停止，股价波动并不能够在当日得到充分反映。被限制的买入或卖出需求将会在未来一段时间持续释放，造成股价在涨跌停发生后的数个交易日波动加剧。此外，当股价在接近涨跌停时，会出现加速靠近阈值的虹吸效应，放大价格波动。在流动性方面，在达到涨跌幅限制后，由于"一刀切"地停止交易，除了将噪声交易者的交易限制住外，同时也限制了信息交易者，使正常情况下应该完成的理性交易也受到阻碍，降低了市场的流动性。在有效性方面，如果股价在到达涨跌停板时，仍未能充分反映公司基本面发生的巨大变化，如盈利不及预期、公司欺诈行为等，暂停交易将减慢股价对信息的反应速度，使本应在当日到达的均衡股价需要多个交易日才能实现，延长了价格发现时间，降低了市场有效性。另外，涨跌停板制度容易增加股价操纵风险。具有较大资金实力的投资者可以通过封涨跌停板等操作，人为制造涨跌停现象，从而达到操纵股价的目的，破坏市场秩序。

A 股涨跌幅限制与美股区别

A 股的涨跌停板制度与美股"限制价格波动上下限"机制都属于针对个股的价格涨跌幅限制机制。除了触发阈值不同外，两者触发的原理也有所区别。A 股的涨跌停板是基于前一个交易日收盘价的静态机制，而美股采用的是基于动态参考价格的特殊价格涨跌幅限制机制，因此其单日涨跌幅限制范围不是固定的，而是随市况动态调整的。同时，美股还引入了股价波动速度的考量，因此，美股价格涨跌幅限制机制的触发条件更为复杂，力求更准确识别股价异常波动。

在针对市场指数的涨跌幅限制机制上，A 股与美股存在明显不同。美股自 1989 年启用熔断机制开始，虽然有数次调整，但仍然沿用至今。A 股曾在 2016 年短暂实施指数熔断机制，其基本规则为：沪深 300 指数涨跌幅达到 5%时，触发一级熔断，市场暂停交易 15 分钟；指数涨跌幅达到 7% 时，触发二级熔断，市场结束全天交易。但在 2016 年 1 月 4 日正式实施的第一个交易日，A 股就连续触发了两级熔断，发生了千股跌停。1 月 7 日 A 股又以更快的速度再次连续触发两级熔断，再现千股跌停。因此，证监会于当晚紧急宣布暂停实施熔断机制。A 股熔断机制仅短暂运行了 4 天就被取消。事实证明，在 A 股实行熔断机制的时机尚未成熟。

熔断机制触发时，会造成全市场暂停交易，虽然可以在短时间内防止大跌，但同时也造成了市场流动性快速枯竭。在市场仍然不够成熟的阶段，熔断反而容易形成市场恐慌情绪。在投资者结构仍以个人投资者为主的 A 股市场，当机械化的熔断阈值被触发后，在没有额外信息披露的情况下，有可能加速投资者恐慌性的抛售。尤其是当 A 股市场已经有针对个股的静态股价涨跌幅限制时，再叠加对指数的熔断机制，两套机制触发点位又较为接近，容易造成两个机制的重叠使用，形成机制之间的虹吸效应。在价格接近各自阈值时，两套机制相互刺激，相互触发。我国 2016 年设定的两级熔断阈值分别在 5% 以及 7%，距离较近，同样容易引发不同级别之间的虹吸效应。当达到第一级熔断时，机制本身就容易诱发第二级熔断，这就放大了市场的波动。

美股同样采用个股涨跌幅限制与指数熔断结合使用，但美股是典型的以机构投资者为主的成熟市场，在面对恐慌性抛售时相对较为理性，不容易加剧流动性枯竭。另外，美股的个股涨跌幅限制是基于动态的参考价格，不单只看波动的幅度，同时还考虑波动的速度，而美股指数熔断机制则仅考虑价格较前收盘价的涨跌幅。这样就使两种机制的触发阈值不容易重合。同时，美股三级熔断阈值分别为 7%、13%、20%，相隔较远，即使考虑市场的基础波幅，每级之间的界限也比较清晰，分别对应不同等级的市场波动，不容易在两级之间形成虹吸。

因此，我国如要再次实行指数熔断机制，需要等待市场投资者构成以机构为主导，投资者行为更加趋于理性时。

此外，在设计熔断机制时，要充分考虑各级阈值之间的距离，以及与其他盘中稳价机制之间的差异性、互补性。否则，机制内、机制间的各种阈值叠加，容易形成虹吸效应，反而放大了波动。当然，当市场发生重大事件，如战争、疫情等驱动的暴涨暴跌时，容易因巨大的基本面或者流动性预期变化而导致波动，涨跌幅限制、指数熔断机制的作用都相对有限。

A 股投资工具

A 股同样可以进行融资融券（即"两融"）业务。但目前我国融资融券业务还处于发展初期，如图 8-1 所示，"两融"余额占 A 股流通市值的比例仅在 2.5%，"两融"交易额占 A 股交易额的比例在 2014 年时，最高达到 14.4%。

但随着 2015 年股灾的发生，监管政策收紧，其后"两融"交易额逐年下降，
2021 年降至 9% 以下。A 股"两融"的一大特点，就是融券交易占比非常低。
2021 年，融券余额仅占"两融"余额的 6.6%，融券卖出额仅占"两融"交易
额的 5.3%。由于 A 股融券卖出业务标的有限，资金成本也相对较高，加上 A
股个人投资者占比较高，对于卖空业务并不熟悉，导致 A 股"两融"业务中，
多空比例严重失衡，融券业务规模大幅落后于融资。从全市场来看，2021 年，
融券余额仅占 A 股流通市值的 0.2%，融券卖出额仅占 A 股成交额的 0.5%，A
股卖空交易几乎可以忽略。反观美股，卖空交易已经相当成熟，纽交所超过
95% 的标的可以做空。2021 年，美股卖空占流通股的比重约占 4.0%。

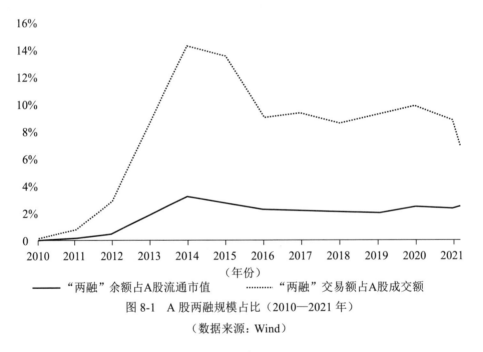

图 8-1　A 股两融规模占比（2010—2021 年）

（数据来源：Wind）

　　金融衍生品的发展对加强 A 股的自我调节机制有着重要作用。股票现货
市场可以通过买入来做多，但卖出仅仅是中性操作，代表投资者认为目前价位
合理，并不能代表价格被高估。因此，当标的价格出现高估时，现货市场并没
有与买入完全对等的机制来驱使价格回落到合理区间，最多通过卖出来使其维
持在目前水平。现货市场天然多头的特性，使市场呈现单边多头特征，容易高
估股价，积累泡沫，加大市场中期的风险。因此，就需要利用衍生品更加丰富
的功能，设计引入做空的机制，通过期货、期权市场，与现货市场实现多空对

冲。当投资者看多时，可以在现货市场买入获得收益，当投资者看空时，单单在现货市场卖出并不能获得收益，仅仅是避免损失。如果能够利用衍生品做空，在期货价格大幅低于现货价时，投资者可以买入期货、卖出股票进行期现套利来获得收益。结合衍生品的交易使得卖出现货也能获得收益，从而驱动现货价格下跌，直至均衡水平。

在金融衍生工具方面，A 股目前只有股指期货及上证 50 ETF 期权。股指期货中也仅有沪深 300、中证 500 和上证 50 三个品种。同时，监管部门对衍生品交易设置了 50 万元的资金门槛，A 股能够真正参与衍生品交易投资者数量有限。而做空交易大多需要利用衍生品进行，有限的做空工具及规模使 A 股投资者难以进行多空对冲操作，导致 A 股多空力量失衡，仍然呈现单边多头市场的特征。在 2010 年我国刚刚推出融资融券及股指期货业务时，制度设计监管较为粗放，监管也比较宽松。尤其在做空方面，对相关高风险行为限制较少，监管相对迟滞。2015 年出现的股市在杠杆推动下的暴涨，以及监管收紧后的暴跌，显示了当时 A 股衍生品市场存在较大的制度以及监管漏洞。近年来，严格的监管措施使期指市场流动性萎缩，期货难以实现对现货市场的对冲，导致多空失衡现象仍然严重。

从金融衍生品丰富程度来看，A 股市场与美股还存在较大差距。由于中美股市在投资者构成、融资成本、产品成熟度等方面的差异，我国对于衍生品交易的监管整体上要更加严格。但衍生品工具是金融市场发展到成熟阶段的必然产物，也是 A 股进一步国际化的必要条件。因此，在制度完善、监管到位的基础上，A 股需要继续丰富衍生品种类，扩大标的资产容量，尽可能为市场提供多空双向交易途径，提高市场价格发现效率。

第九章
市场监管

第一节
美国股市监管机构及规则简介

美国股市的监管机构主要是证券交易委员会。在美股建立之初，美股并没有受到太多的监管，基本上处于野蛮生长的阶段。缺少监管的美股市场和赌场没有太大差别，人们基本都是抱着一夜暴富的心态进入股市。而在 20 世纪初发行的美股，有一大半最后都变得一文不值。

在 20 世纪 30 年代大萧条时期，经济的大幅衰退也伴随着股市的一落千丈。人们对于股市创造财富的信心也跌落谷底。而政府这时认识到，如果要重振经济，恢复股市的信心和建立秩序也是非常重要的方面。因此，美国国会在 1933 年通过了《证券法》。直至今日，这套法律依然是证券市场监管的依据。美国通过立法，加强证券市场架构及政府监督，以恢复投资者对资本市场的信心。证券法的主要目标有两个：一是确保投资者得到有关公开发售证券的财务及其他重要资料；二是禁止在发售证券过程中有欺骗、失实陈述及其他欺诈行为。《证券法》确立了美股注册制度，规定只有向证券交易委员会（SEC）注册的证券才能公开发售。在注册的同时，还需有充分的信息披露，尤其是重要的财务数据的披露。自此，美股在上市前，就必须向 SEC 披露公司的资产及盈利情况，并且需要提供经独立审计师核算的财务报表。《证券法》同时确立了反欺诈原则，任何做出错误披露的人都要承担相应的法律责任。

美国国会于 1934 年通过了《证券交易法》，赋予了 SEC 广泛的权力，来处理证券经纪、交易结算以及自我规管机构等证券展业过程中各方面的监管。SEC 成为证券相关法律的主要执行机构，也成为美股的主要监管机构，以保障投资者，维持证券市场正常运作。《证券交易法》还确立了公开原则，要求上市证券进行信息定期申报，确保投资者获知公司发展的最新情况。

此后，美国又相继通过了 1939 年《信托契约条例》、1940 年《投资公司法》和《投资顾问法》、2002 年《萨班斯－奥克斯利法》、2006 年《信用评级机构改革法》、2010 年《多德－弗兰克法案》等一系列法案，形成了美国资本市场监管多层次法律体系，几乎覆盖了股票市场的各个方面，避免了市场监管的盲目性和随意性，使得监管机构能够有法可依，充分发挥执法效力。

参与证券市场规管的主要机构

证券交易委员会（Securities and Exchange Commission，SEC）于 1934 年根据《证券交易法》设立，集准立法权、独立执法和准司法权于一身，权限广泛，可以独立行使职权，为负责监管证券市场各方面最主要的机构。SEC 由 5 名由总统委任并经参议院批准的委员组成，任期为 5 年。各委员需于不同时间委任，每年均有一名委员任期届满，但可以连任。为了保证决策的合理与公平，确保 SEC 立场不受个别政党影响，单一党派的委员不得超过 3 人。总统指派其中一名委员出任主席，由其担任 SEC 的首席行政人员。但 SEC 不对总统、国会、最高法院以及其他任何行政机构负责，委员在任期内不得解聘，以充分保证其独立性。SEC 行使证券市场监管职能时不受其他政府部门的影响，只需在预算、立法等方面与有关部门协调。SEC 通过决议须由超过半数委员同意。此外，委员不得兼任任何外部职务，不得买卖证券或从事其他证券交易活动。作为法定规管机构，SEC 也会参与修订现有规例或制定新规例以保障投资者，维持公平及有秩序的市场运作。SEC 的监管宗旨为寻求最大的投资者保护和最小的证券市场干预，其主要职能为加强证券市场的信息披露，保证证券市场信息的真实性、准确性，打击虚假信息、欺诈、股价操纵、过度投机和内幕交易等行为，维护证券市场参与者的正当权益，通过构建一个公开、公平、透明的证券市场环境，达到有效资源配置的目的。

SEC 主要分为企业融资部、市场监管部、投资管理部及法规执行部 4 个部门。企业融资部负责监督企业向投资大众做出的重要资料披露，包括 IPO 的招股书、年报、股权收购等相关文件。市场监管部负责制定及执行行业法规、评估现行法规的实际效果、对现行规则提出修改建议等，通过规管主要证券市场参与者维持良好秩序及高效的市场。投资管理部负责监督及管理投资行业的规则，主要管理对象包括投资顾问和投资公司等。法规执行部负责调查涉嫌违反证券法规的活动，并在适当的情况下建议 SEC 采取行动，但仅具有民事执法权。

由证券交易委员会监督的自我规管机构

SEC 在原则上寻求最小的市场干预，因此也会将部分监管的权力下放给证券行业的自我规管机构。自我规管机构是会员制组织，是负责监管的前线机构，但仍然需要接受 SEC 的监管。这些机构需要根据各自的业务特点制定规则，以确保市场稳健运营，保障投资者利益。但相关规则的制定及修改仍需提交 SEC 审批。SEC 也可在有需要或适当的时候，修订自我规管机构的规则。

金融行业监管局（Financial Industry Regulatory Authority，FINRA）是由全国证券商协会（National Association of Securities Dealers，NASD）和纽约证券交易所的监管部门于 2007 年合并而成的，是目前美国证券行业最大的自我规管机构。FINRA 的监管对象为所有与公众有业务往来的公司以及人员，包括 4 000 余家证券公司和 63 万名注册证券代表。FINRA 的监管范围几乎涵盖证券业务的所有方面，主要包括相关从业人员的注册、制定行为准则、投资者教育、考核从业人员并颁发执照等。

美国证券投资者保护公司（Securities Investor Protection Corporation，SIPC）是一个非营利性质的会员公司，在 SEC 的监管下运作。当会员公司破产或无法偿付到期债务时，SIPC 可监督其清算的全过程。在根据《证券投资者保护法》进行的清算中，SIPC 和法院指定的受托人将设法保护客户的证券和现金。在限额内，SIPC 通过为每位客户提供高达 50 万美元的证券和现金保护（包括仅限 25 万美元的现金保护），加快归还客户损失的财产。SIPC 是美国投资者保护体系的重要组成部分。虽然许多联邦和州证券机构以及自律组织也会处理投资欺诈案件，但 SIPC 更加专注于保护破产或陷入财务困境的经纪公司客户的现金和证券。SIPC 并不属于政府机构，也并非国会授权打击欺诈的机构，因此无权调查或监管其会员。SIPC 也并不能等同于证券行业的联邦存款保险公司（Federal Deposit Insurance Corporation，FDIC）。

美国公众公司会计监督委员会（Public Company Accounting Oversight Board，PCAOB）是安然事件后《萨班斯－奥克斯利法案》的产物，属于非营利性的自律监管机构，同样受到 SEC 的监管。PCAOB 主要通过监督上市公司和 SEC 注册的经纪商的审计过程，促使其发布独立、准确的审计报告来保护投资者以及公众利益。《萨班斯－奥克斯利法案》为 PCAOB 提供活动资金，主要来自对上市公司收取的年费。PCAOB 由会员事务所的会计师组成，这些会计师要为 PCAOB 的其他会员事务所进行年检。PCAOB 对于客户超过 100 家的事务所每年检查 1 次，对于客户少于 100 家的事务所至少每 3 年检查 1 次。

上市监管

在美股上市，证券发行人须首先向 SEC 递交注册文件。SEC 在接到企业的注册申请后，也会就注册文件与发行人进行沟通，但审核的重点在于确保注册文件充分披露了所有和投资决策有关的信息。正常情况下，SEC 会在收到注册文件的 4 ～ 6 周内给出第一封意见信，主要提出对于如何修改注册文件的意见，使其能够更充分地披露有关信息。SEC 为了使审核过程更加专业，会将上市申请按照主要行业进行划分。SEC 的审核意见重点在于更充分的信息披露，其中最主要的方面集中在申请人的财务数据上，包括近 3 年的财务报表、股权激励计划、市场预测等。对于美股上市中概股，关于 VIE 架构（Variable Interest Entities，可变实体利益）的风险也是 SEC 审核意见的重点。发行人在收到相关意见后，需要逐一进行答复。这一沟通过程要一直持续直至 SEC 认为信息披露已经充分，通常要经历 3 ～ 4 轮。一般第一轮耗时最久，其后几轮时间较短。之后，SEC 会出具新股发行注册函，并将其副本发送至交易所。发行人此时可以开始进行路演定价，再将包含发行价格区间的注册文件提交给 SEC。在收到修改后的注册文件后，SEC 出具注册文件生效函，表明 SEC 注册正式生效。注册完成后，有关公司的证券便可在交易所交易，而正式上市日期可以是注册生效之后的任何时间。但多数发行人会在注册生效后的下一个交易日开始上市交易。上市后，发行人还须向 SEC 提交包含最终发行价格的招股说明书终稿。为保证 SEC 审核程序的公开透明，SEC 在收到注册文件后，即在官网向大众公布。SEC 的审核意见及相关回复在注册生效后的 45 天后，也会对大众公布。

此外，在美股上市，发行人在向 SEC 递交注册文件的同时，还需要向交易所递交上市申请。理论上，申请人在交易所的上市申请须以 SEC 的注册生效为前提。但事实上两者的审核过程各自独立，一方并不会以另一方的意见为参照。SEC 注册生效的申请人也可能被交易所拒绝上市。而交易所认为符合上市条件的申请人，也有可能被 SEC 拒绝注册。在接到申请后，交易所同样需要审核申请人的材料，内容则主要集中在是否满足相关板块的上市门槛以及公司治理要求上。美股的上市或除牌是由各交易所直接与上市公司进行对接的。在规则制定以及实施方面，也主要由交易所负责。美股的交易所可以按照自己的要求制定各个方面的上市标准，如盈利水平、总市值、公司治理准则、管理层架构、独立董事数量、审计委员会成员等各方面内容。而上市公司则必须首先满足交易所制定的有关要求，尤其是量化条件的最低标准。但交易所仍然掌握着公司是否能够上市的最终决定权。即使拟上市企业已经满足所有上市标准，交易所仍然可以根据具体情况拒绝其上市申请，或额外增加其上市需要满足的条件。交易所同时设置了申诉听证部门，发行人可就分歧问题进行沟通，以争取公平审核。一般情况下，已上市企业所需满足的持续交易准则要低于首次上市要求。但如果公司已不能满足持续交易的要求时，交易所可随时暂停其交易，并在一定条件下，进行除牌退市处理。一旦除牌，交易所需要向 SEC 申请撤销相关公司的注册。值得注意的是，在整个企业上市以及持续交易的过程中，SEC 不会为每个交易所制定上市以及持续交易的标准。

虽然 SEC 并没有直接参与到交易所上市标准制定以及执行的过程中，但并不意味着没有监管。SEC 仍然可以通过多种方式在后台进行监管。所有交易所制定的上市标准以及对已有标准的修改，均须提交 SEC 审批。而 SEC 在认为有需要的时候，也可要求交易所重新评估准则，并做出修改，或者 SEC 自己修改交易所的准则。由于 SEC 具有法定执法权力，可在必要时对涉嫌违反证券业相关法律的企业及个人进行制裁。当涉及刑事案件时，SEC 也可联合刑事执法机构，对上市及退市过程中的失当行为提出检控。而投资者如在买卖证券的过程中因虚假信息或误导性的陈述而遭受损失，可提出集体诉讼，要求赔偿。

定价机制

SEC 对于上市及退市的监管，并不在于对上市企业的价值判断，而在于充分的信息披露。因此，股票上市的定价完全由市场决定。美股定价需要在券商和分析师的共同协助下，通过市场化的定价机制完成。在按照监管机构的要求进行充分的信息披露，以及在资本市场充分的竞争环境下，由买卖双方共同达成股票合理的发行价格。在这个定价过程中，上市企业的承销商首先需要完成尽职调查，通过深度调研来了解企业现状、财务情况，并通过协助企业解决一些问题，如重组企业架构、引进新的管理体系等，来帮助企业达到上市门槛及监管要求。在此基础上，承销商通过对企业发展前景的分析，以及未来财务表现的预测，并与市场上同类公司进行对比，对拟上市企业的估值做出初步估计。之后，保荐人向投资者介绍拟上市公司的基本情况，以及自己对公司的估值方法、估值水平的初步分析。投资人在听取了保荐人的意见及估值后，需要结合自己的理解及分析，对公司估值做出自己的判断，并反馈给承销商及拟上市企业。承销商和发行人据此来确定发行定价区间。最后，公司管理层与投资人进行一对一的路演，确定最终发行价格。在定价的过程中，SEC 以及交易所自始至终都没有参与其中，只是为双方提供了一个公平、透明的定价环境。

第二节
中国股市监管机构及规则简介

法律体系

我国资本市场发展 30 余年，证券市场监管模式也经历了较大变革，逐渐走向成熟。资本市场监管，在我国股票市场建立之初，相关法律体系仍未健全，证券市场的监管仍然是由中国人民银行负责。当时沪深交易所上市的股票多为当地政府选送，股票市场的行政色彩仍然较浓，因此地方政府也会参与到股市的监管中。沪深交易所主要进行自律监管，也会制定一些补充监管制度。国务院与有关部委及地方政府颁布的各种规范性文件，虽对规范证券市场有正面功效，但由于这些文件的制定机构、产生背景不同，适用范围有较大的局限性，而上述文件亦大都不具有法律效力。因此，颁布一部较为完整且具有法律效力的证券法，成为当时立法机关与政府部门迫切的工作。1992 年，国务院为加强证券市场监管，成立了国务院证券委员会（证券委）及其执行机构中国证券监督管理委员会（证监会），对证券市场实行中央统一监管。同年，证监会与证券委完成对《股票发行与交易管理暂行条例》的草拟与修订，并于1993年4月由国务院发布。该条例为第一个全国性的证券交易法规，内容包括股票的发行与交易、上市公司的收购、保管、清算和过户、上市公司信息披露、调查与处罚、争议的仲裁等。

我国证券市场建立时间不长、发展速度较快，各类市场主体还不够成熟，再结合证券市场本身高风险、高波动的特点，使得长期以来我国证券市场呈现行政主管机关干预浓厚、多头发展的特点。证券法规体系不完整也使市场操纵与诈欺行为频出，却没有相应的法律规范和监督。证券市场亟须建立一套完善的证券法律制度。

自1992年8月以来，前后经历无数草案的反复修改后，我国的《证券法》在1998年12月29日经全国人民代表大会通过，并于1999年7月1日正式施行。《证券法》颁布后，成为我国证券市场主要的法律，并取代1993年制定的《股票发行与交易管理暂行条例》。

随着经济体制改革、金融体制改革的不断深化与持续发展，市场各方面发生很多变化，出现许多新情况。1993年制定的《公司法》与1998年制定的《证券法》已不能完全适应新形势的客观要求。2004年8月28日，第十届全国人民代表大会常务委员会第十一次会议对《证券法》部分条文做出第一次修正。2005年10月由全国人民代表大会第一次修订《公司法》和《证券法》，并于2006年1月1日开始实施。中国证监会提出的完善资本市场的法律法规体系、完善上市公司规范运作的基础制度、推动证券发行制度市场化改革、完善证券经营机构规范运作基础机制、发展多元化机构投资力量这5个重点，成为本次《证券法》修订的基础。

2005年《证券法》正式实施后，全国人大、国务院各部委陆续配合颁布与修订了相关的行政法律规则与规章。例如，在《证券法》取消融资融券限制之后，我国在2006年8月起开始分阶段开放信用交易业务。根据新版《证券法》，我国于2006年9月实施《上市公司收购管理办法》，对上市公司收购制度做出重大调整，将强制性全面要约收购制度改为要约方式，确立以市场化为导向的上市公司收购制度。2006年9月也颁布了《合格境外机构投资者境内证券投资管理办法》，大幅放宽外资在我国股市投资的门槛。此外，中国证监会陆续颁布了《冻结、查封实施办法》《上市公司治理准则》《上市公司股东大会规则》《上市公司章程指引》《上市公司非公开发行股票实施细则》《证券结算风险基金管理办法》及《上市公司信息披露管理办法》等相关规章与规范性文件，成为与《证券法》《公司法》配套的规章体系。随着金融体系改革不断深化，资本市场变化加快，基金业快速发展，2003 年 10 月 28 日公布、2004 年 6 月 1 日实施的《基金法》部分内容已不再完全适应基金业发展和市场监管的需要。证监会自 2008 年起开始推动《基金法》的修改，以降低基金公司进入市场的门槛。2012 年修改的《基金法》规定公开募集基金的基金管理人可以实行专业人士持股计划，建立起长效激励约束机制。证监会也在加紧完善《首次公开发行股票并上市管理办法》。

2019 年 12 月第十三届全国人民代表大会常务委员会第十五次会议对《证券法》进行第二次修订，并于 2020 年 3 月 1 日起施行。2019 年《证券法》将证券发行由核准制改为全面推行注册制，在发行中增大发行人的控股股东、实际控制人的责任，取消证监会发审委。另外，新《证券法》对"信息披露"和"投资者保护"单独新增两章内容进行专门规定。在投资者保护方面，对普通投资者和专业投资者加以区分，有针对性地做出投资者权益保护安排，建立上市公司股东权利代为行使征集制度，建立普通投资者与证券公司纠纷的强制调解制度，完善上市公司现金分红制度。在信息披露制度方面，系统完善了信息披露制度，包括扩大信息披露义务人的范围，完善信息披露的内容，强调应当充分披露投资者做出价值判断和投资决策所必需的信息，规范信息披露义务人的自愿披露行为，明确上市公司收购人应当披露增持股份的资金来源，确立发行人及其控股股东、实际控制人、董事、监事、高级管理人员公开承诺的信息披露制度等。整体来看，本次修订进一步向以信息披露为核心的注册制监管理念转型。

市场架构

1997 年 8 月，国务院决定将上海证券交易所、深圳证券交易所统一划归证监会监管，同时在上海和深圳两市设立中国证监会证券监管委员办公室。证券市场垂直统一监管的模式建立。1998 年 4 月，依据国务院机构改革方案，证券委与证监会合并，证监会成为国务院直属正部级事业单位，依照法律、法规和国务院授权，统一监督管理全国证券期货市场，维护证券期货市场秩序，保障其合法运行。自此，证券市场的监管职能集中至证监会。我国以证监会为核心的证券市场监管体系初步建立。证监会直接监管沪深两个交易所、过去由中国人民银行负责监管的证券经营机构，以及所有地方证券监管部门。

中国证监会的主要职能可归纳为：①组织草拟有关证券市场的法律和法规，研究制定有关证券市场的方针、政策和规章，制定证券市场发展规划和年度计划；②建立集中统一的证券及期货市场监管系统，并直接管理证券及期货监管机构；③加强对证券及期货业的监管，强化对证券及期货交易所、上市公司、证券投资基金管理公司、证券及期货投资顾问公司和其他从事证券及期货中介业务的机构的监管，提高信息披露质量；④加强防范和处理金融危机的能力；⑤指导、协调、监督和审查各地区及有关部门与证券市场有关的事项，指导、规划和协调期货市场试点工作。

上海证券交易所及深圳证券交易所成立于1990年12月，两者均为非营利机构及法人。两间交易所为市场参与者提供一个公平、透明及高效的交易场所，并在中国证监会的监管下，确保证券市场正常运作。上海证券交易所拥有一家全资附属公司，名为上海证券中央登记结算公司，负责中央登记、托管、管理及结算事宜。深圳证券交易所同样拥有一家全资附属公司，名为深圳证券结算公司，负责在交易所上市股票的登记、托管及结算事宜。2021年9月成立的北京证券交易所，以现有的新三板精选层为基础组建，主要支持中小企业创新发展，深化新三板改革。

发行股票

A股上市制度随着中国资本市场监管体系的变化，也经历了从建立之初的多部门联合审批，到统一的证监会审批，再从审批制转变为核准制，最后2019年新证券法提出全面推行注册制的转变。

沪深交易所建立初期，证监会尚未成立，由中国人民银行作为证券市场的主管机关，负责股票公开发行审批。但在此之前，上市企业需要完成企业股份制改革，要先经过计委、体改委审批。而当时的沪深交易所实行自律监管，会对股票上市交易进行审批。之后，根据1993年《股票发行与交易管理暂行条例》的规定，确立了 A 股两级行政审批的上市制度。中央企业主管部门、地方政府按照隶属关系分别对相关企业的发行申请进行审批，证监会进行复审并抄送证券委。1998 年《证券法》颁布后，国务院证券监督管理机构依照法定条件负责核准股票发行申请，核准程序应当公开，依法接受监督。A 股发行制度转变为核准制。

核准制较审批制的市场化程度大幅提高。但核准制仍然在企业上市过程中起到了价值判断的作用，而这本应该是基于充分的信息披露，由供需双方共同决定的。核准制的要求之一，是企业在申请上市前具有连续盈利能力，对企业经营规模也有要求。相关企业财务上的要求，在我国资本市场建立之初，由于相关制度仍不完善，可以起到一定的保护投资者的作用。然而，随着我国资本市场规模逐渐庞大，上市企业越来越多，核准制下，监管机构对企业价值的判断以及对企业的筛选难以真实反映市场的需求，最终导致资源错配的情况越来越严重。容易出现能够满足核准制上市的企业，可能并非市场愿意投资的企业；而投资者青睐的企业，却因不满足持续盈利等筛选条件而不能上市融资的情况。尤其是进入 2010 年后，随着我国经济结构转型的推进，大量新经济企业涌现，但仍未进入稳定盈利阶段，因此难以通过核准制在 A 股上市，这也就导致了 A 股行业结构偏传统的局面，而股价的成长性相对较弱。

在总结上海证券交易所设立科创板并试点注册制的经验基础上，2019 年新《证券法》按照全面推行注册制的基本定位，对证券发行制度做了系统的修改完善，充分体现了注册制改革的决心与方向。同时，考虑到注册制改革是一个渐进的过程，新《证券法》也授权国务院对证券发行注册制的具体范围、实施步骤进行规定，为有关板块和证券品种分步实施注册制留出了必要的法律空间。

国务院部署新《证券法》贯彻实施工作，提出要稳步推进证券公开发行注册制。在分步实施股票公开发行注册制改革方面，证监会要会同有关方面，进一步完善科创板相关制度规则，提高注册审核透明度，优化工作程序。研究制定在深圳证券交易所创业板试点股票公开发行注册制的总体方案，并积极创造条件，适时提出在证券交易所其他板块和国务院批准的其他全国性证券交易场所实行股票公开发行注册制的方案，相关方案经国务院批准后实施。在证券交易所有关板块和国务院批准的其他全国性证券交易场所的股票公开发行实行注册制前，继续实行核准制。

推行注册制下，证券公开发行的条件得到进一步简化，尤其是在企业价值判断上，新《证券法》将原来的具有持续盈利能力，改为具有持续经营能力，意味着没有盈利能力的企业依然能够在注册制下发行上市。充分的信息披露作为推行注册制的前提，在新《证券法》中也得到进一步细化的安排，将过去一些偏模糊的、需要主观判断的披露要求，改为更加清晰的量化准则。更细化的条款也直接导致了新《证券法》中"信息披露"和"投资者保护"单独新增的两章内容。而对于信息披露的反面，也就是欺诈行为，新《证券法》的处罚力度从原来最高可处募集资金百分之五的罚款，提高至募集资金的一倍。对于上市公司信息披露违法行为，从原来最高可处以 60 万元罚款，提高至 1 000 万元。对于发行人的控股股东、实际控制人组织、指使从事虚假陈述行为，或者隐瞒相关事项导致虚假陈述的，规定最高可处以 1 000 万元罚款等。同时，新《证券法》对证券违法民事赔偿责任也做了完善。

IPO 定价

随着我国证券发行机制从审批制过渡到核准制，再向注册制发展，A 股 IPO 定价机制也经历了数轮变革。在审批制下，A 股的发行定价机制行政色彩较浓，主要采取固定市盈率的方法，统一由监管部门决定，发行定价受到严格的限制。在 1998 年前后，发行定价的范围出现了一定放宽，市盈率在 13 ～ 16 倍之间浮动。

1998 年后，随着《证券法》的颁布实施，A 股发行进入核准制，IPO 发行定价方式更加灵活。《证券法》规定，股票发行价格由发行人和承销商根据可观条件和市场状况合理协商后确定。发行市盈率开始逐渐突破上限，由市场参与者协商确定。但由于当时的市场流动性及透明度仍然较低，由市场决定的发行价容易出现短期大幅偏离价值的情况。因此，2001 年后，A 股市场又恢复了固定发行市盈率的机制，将市盈率定在 20 倍。

2004 年后，我国开始实行股票发行询价制，采用累计投标询价的方式确定 IPO 发行价格。这意味着定价方式再次开始尝试市场化改革。鉴于过去改革的经验，此时的发行定价仍然采用了窗口指导的原则，上限为 30 倍市盈率。

随着股票发行询价机制的平稳运行，2009 年开始，证监会逐渐淡化行政干预，新股发行继续往市场化方向迈进。这又再次造成了发行价过高、大面积破发的情况。因此，2012 年，证监会再次实行询价制改革，引入询价上限机制，将市盈率上限定在 23 倍。

2019 年，伴随着我国设立科创板并试点注册制，科创板、创业板的新股定价上限再次开放，采取市场化的询价方式。试点板块开始逐步建立以机构投资者为参与主体的市场化询价、定价和配售机制，强化网下报价的信息披露和风险揭示，促进价格充分发现。

目前，根据相关规则，我国首次公开发行股票，主要采取通过向网下投资者询价的方式确定股票发行价格。以询价方式发行，可以在初步询价后确定发行价格，也可以在初步询价确定发行价格区间后，通过累计投标询价确定发行价格。初步询价定价方式主要步骤为：①主承销商披露询价及推介公告；②主承销商及发行人向投资者进行现场和互联网的路演推介；③投资者通过信息披露文件、参与路演等，对公司进行估值，并通过网下发行电子平台提交报价单，包括申购价格和申购数量；④主承销商和发行人根据投资者的报价情况，剔除部分无效报价和高报价，确定一个发行价格。另外，首次公开发行股票也可以通过发行人与主承销商自主协商直接定价等其他合法可行的方式确定发行价格。首次公开发行股票采用直接定价方式的，全部向网上投资者发行，不进行网下询价和配售。

第三节
中国股市监管的发展方向

监管机构

与美国 SEC 独立于其他行政部门之外，拥有准司法权、准立法权以及独立执法权不同，我国证券监管机构的核心证监会属于政府部门，代表政府的意志，在执行监管责任时，要兼顾多种行政目标。这就导致了监管机构往往为了稳定而施加额外限制，在维持稳定的同时，也限制了市场正常资源配置，延长价格发现的过程。在限制仍然生效时，市场获得了暂时的稳定，措施一旦放松，就会因价格错配而导致更加剧烈的波动。监管机构不得已，只能再次施加限制来维持稳定，这又导致市场价格发现过程的暂停，影响到股市的投资价值。此外，作为非独立的政府部门，其监管目标也有政绩的考虑，自然就会以追求证券市场规模的增长为主要目标之一。在我国市场经济转型过程中，帮助国有企业融资走出困境也是证券市场重要的任务之一，这不利于资本市场有效的资源配置。

随着 2019 新《证券法》的实施，我国正在向全面推进注册制迈进，而相应的监管思路也应该朝着相同的方向进行调整，从实质性的监管转向以信息披露为核心的监管，从事前监管转向事中以及事后监管。减少对市场的干预，尤其是对定价过程的干预，将价格发现的功能还给市场。在市场定价的过程中，切实发挥市场参与者的主观能动性，将审核的权力交给交易所，让承销商、保荐人等中介机构发挥更大的价值发现功能，同时承担更大的责任。而监管机构需要进一步减少政府部门角色的影响，从台前转为幕后，以维护投资者利益，建立公平、公正、高效的证券市场作为主要目标，将证券市场以融资功能为主，转变为投、融资并重的平衡市场。

自律监管机构

美国除了 SEC 之外，还有各类自律监管机构行使各自的监管职责。这些自律监管机构能够根据各自的业务特点制定规则，具有较高的权威性。相对来说，我国自律监管机构的监管权力有限，自主能动性相对较低，难以在接触到一线业务时及时实行监管职能，导致监管缺位，风险不能在第一时间被发现并得到有效控制。证券交易所处在证券市场的第一线，需要承担更多自律监管机构的监管责任，及时发现股市异常波动，将违法违规行为控制在萌芽时期。我国证券业协会是由政府授权而非自发成立的会员机构，独立性较差，且没有提出行业自身的补充性规则，难以依法行使监督的权力，主要限于组织从业人员资格管理等，并未充分发挥应有的自律监管功能。未来需要进一步加大自律监管机构的独立性，由会员自主选举产生机构管理层，减少政府行政干预。

法律体系

我国证券市场监管体系在近几年不断完善，处罚力度有所提高。2020 年《刑法修正案（十一）》规定："对违规披露、不披露重要信息罪处五年以下有期徒刑。情节特别严重的，处五年以上十年以下有期徒刑，并处罚金。"该修正案不仅提高了法定刑幅度，还取消了对罚金的比例限制，加大了违规信息披露的犯罪成本。2019 年新《证券法》对于内幕交易罚款从"最高 5 倍"提高到"最高 10 倍"。此外，单位内幕交易中相关责任人员的罚款从"3 万元至 30 万元"提升为"20 万元至 200 万元"。但整体来看，我国证券市场监管仍然存在一些问题。与美国的核心监管机构 SEC 相比，我国证监会在规则制定上的权力边界相对模糊，而在执法权上，法定权力亦没有明确的界限，容易导致过度执法。健全证券市场的法律法规体系，能够更好地约束市场参与者的行为，是我国证券行业从实质监管转向市场透明度监管的基石。

投资者保护

在我国证券市场中，个人投资者占比较大，当发生纠纷时，其往往处在弱势，合法权益得不到保障。我国民事诉讼法规定了集体诉讼制度，但在对待个人投资者时，并未起到足够的保护力度。若个人投资者没有主动起诉，则会被视为放弃索赔。投资者的权益很难得到保障。个人投资者在单独诉讼时，也面临投诉无门、成本高昂、取证困难等重重阻碍，最后陷入漫长的程序等待过程，最后只能不了了之。我国也鲜有因证券欺诈而获得民事赔偿的案例。新《证券法》大幅增加了对投资者保护的规定，有针对性地做出对投资者权益保护方面的安排，投资者保护的内容越来越受到重视。未来，我国应建立一套完整的投资者保护机制，专门制定一部针对投资者保护的法律，打通个人投资者的诉讼机制，通过将违法者罚没金额返还补偿投资者，健全证券市场商业保险机制。

信息披露

顺利展开注册制改革，转变监管方式，首先应该进一步完善证券市场的信息披露制度。建立统一的信息披露平台，及时更新信息，投资者可随时随地查询到上市公司相关消息。同时在立法上明确和强化信息披露材料的审查责任。信息披露是保证投资者价值判断的基石，而这其中最主要、使用频率最高的就是财务信息。财务数据代表了企业现在，以及过去一段时间的经营状况，其也是投资者预测公司未来经营业绩的起点。随着未来监管将进一步放开对盈利的要求，投资者将更加依赖企业的财务报表来进行投资判断。因此相关财务数据的真实性需要更加严格的审核。不仅如此，在面对未盈利公司时，其他经营数据来判断未来的经营状况就显得更加重要，因此，像营收确认的标准、无形资产的估值、用户数量的统计等，都需要企业做出更加详尽、准确的披露，并且相关指标的计算方法、统计原理等，也需要尽可能地公布，防止利用数字游戏来误导投资者。

除了财务数据之外，更具误导性的就是文字游戏。很多时候，投资者除了看企业财务报表之外，还会通过大量文字介绍来了解公司的经营情况、行业特点等。尤其是对于一些新兴行业，行业数据较少，很容易通过一些夸张的文字描述来误导投资者。因此，在未来的信息披露中，应尽量减少文字性的、感性的描述，而用量化的数据来传递信息。这样也更容易进行交叉验证，利于投资者长期跟踪。在公司自身缺少信息披露的情况下，也可积极引用第三方独立机构的数据。

注册制下，监管机构最需要做的就是把定价权还给市场，不断改善市场的定价效率，提高证券市场的市场化程度。在目前科创板和创业板已经放开发行定价上限的基础上，再逐步扩大范围。初期可以扩大发行定价的窗口指导范围，再逐步过渡到完全开放上限，将定价权交还给市场。

增加监管透明度

从长期来看，让投资者都参与监管，能更好地发挥监管效果，提高监管效率。将新股发行的审核意见、发行人答复等信息及时向大众公开，保证审核过程的公开透明。发行审核过程应积极融入外部行业专家对企业的评估，从而提高审核的专业化水平。交易所作为自律监管机构，除受证监会监管之外，应该增加一系列规则，加强外部监督，提高交易所的透明度，增强交易所监管规则的公开性，对监管的标准、程序和环节进一步细化和完善。建立申诉机制，对于审核机构不认可的发行结果，发行人可通过向独立申诉机构申诉的方式进行沟通，以尽可能保证审核结果的公平公正。增加监管透明度，在行政以及自律监管之外，充分调动社会监管的力量。证券市场监管涉猎面广，需要建立让社会力量广泛参与的机制，加强对匿名举报的保护，同时加大举报奖励力度，增加举报积极性。

第十章

A 股市场发展的猜想

第一节
走向世界的 A 股

人民币国际化

从美股的长牛史不难看出，除了经济的快速增长之外，美元的全球霸主地位的建立似乎对美股长牛来说更为重要，甚至在美国经济停滞、陷入危机的阶段都能够保证美股很快地脱离熊市，再创新高。因此，A 股的长期发展，同样离不开人民币的国际化。

目前的国际货币体系仍然对美元这种唯一的主要储备货币过度依赖，美元甚至成为美国摄取全球财富的一种手段，而并非当初所许诺的作为稳定全球金融经济的工具。中国改革开放之后的发展，虽然在很大程度上依赖引进外资，但事实上也是通过市场化的等价交换，使外资获得绝大部分我国人民通过劳动和资源产生的利润。但由于我国在改革开放前过于贫穷，基数过低，即使我国人民只分享到一小部分开放的红利，老百姓也能够切切实实感受到生活水平的提高。事实上，我国经济高速发展的那段时期，也带动了美国经济的持续增长。我国人民生产的大量廉价商品，也确实让美国人民享受到了物美价廉的商品。而只要国际贸易继续以美元结算，那美国则可以一直通过刷美元这张"信用卡"，进行全球"零元购"，摄取全球的劳动以及财富。但目前我国如果要使人民继续感受到生活在改善，那就不能仅仅只靠在美元体系下所分得的小部分利润。换句话说，中国要继续发展，而非寄人篱下，就必须要让人民币"走出去"，逐步建立起人民币在国际货币体系应有的地位。中国也要促进国际贸易中尽量使用人民币来进行结算。然而，人民币国际化的成功，不仅要求将人民币用于国际贸易，更需要将人民币的使用扩大到以人民币计价的金融和实物资产，这其中自然也包括 A 股资产。**因此，人民币的自由兑换、资本账户开放将成为人民币国际化的先决条件。**而这反过来又意味着，中国需要大力推进国内的金融与经济体制改革，使外资持有人民币资产的预期有所保障，增强以人民币为核心的货币体系的稳定性。此外，人民币的海外市场需求日益增加，需打破只依赖经常项目输出人民币的单一方式，建立起资本项目输出渠道，促进人民币国际化进程。

当然，人民币取代美元、成为国际货币系统的核心是一个美好的愿景，客观地说，这一愿望在短期内并不能实现。美元霸主地位的形成，并非单纯综合国力的体现。若按照经济体量来看，1894 年，美国的工业总产值就已首次超越英国，成为全球制造业第一大国。但事实上，在经历了两次世界大战，美国将全球超过 75% 的黄金储备据为己有，建立了布雷顿森林体系，然后又在 20 世纪 70 年代将黄金踢出该体系之外，才有了美元的霸权地位。因此，美元现在的地位，已经完全超出其经济地位的体现，是通过非常规手段获得的。而在正常的经济发展过程中，任何一个国家货币，都不能达到该种国际地位。包括当年的英国，虽然也通过武力强制了许多殖民地使用英镑进行国际结算，但也没有达到美元这样的全球地位。因此，可想而知，即使世界银行预测中国在 2030 年将在经济总量上超过美国，马斯克也表示未来中国的 GDP 会是美国两倍以上，不论这些言论是否能够成真，人民币也不可能取代美元的霸主地位。

人民币国际化的初衷，主要是为了化解国际货币体系以美元结算所带来的巨大风险。尤其是在经济全球化之后，由美国国内危机通过美元传导至全球，对全球金融稳定造成了巨大冲击，使得人民币必须走向国际化，才能削弱钉住单一美元所带来的美元危机的溢出效应，增加我国经济在国际贸易以及投融资中的稳定性。同时，美国在近年频频通过美元的霸权地位，对伊朗、朝鲜、俄罗斯等国家实施金融制裁，也让我们深深体会到了依附于美元的国际金融体系脆弱不堪，处处受制。如果想继续融入全球经贸，只有乖乖听话的份，遇到不公正对待，往往也只能逆来顺受。因此，需要推进人民币国际化来降低这种单一美元体系的风险。

人民币目前的地位和中国的经济地位也并不匹配。2021 年，中国 GDP 总额取得新突破，达到 114.4 万亿元，折合约 17.7 万亿美元。美国 GDP 总额突破 23 万亿美元，中美经济差距缩减至 5 万亿美元左右。2021 年，我国商品贸易额达到 6.05 万亿美元，全球排名第一的地位得到进一步巩固。但是，外汇市场上人民币交易的占比却远远落后于中国目前的经济及贸易地位。根据国际清算银行（Bank for International Settlements，BIS）的统计，2019 年，全球外汇市场的成交量达到 6.6 万亿美元，其中美元日均交易金额为 5.8 万亿美元，成交量占比达到 88%。欧元、日元和英镑的占比分别达到了 32%、17% 及 13%。而人民币日均交易金额为 2 850 亿美元，交易占比仅为 4%，排名第八。如澳元、加拿大元、瑞士法郎等，无论从经济体量还是贸易量来看，都远低于中国，但其货币在外汇市场的活跃度都高于人民币。在全球外汇市场中，人民币交易仍然只是非常小的一部分，与中国的经济地位严重不符，甚至远远低于我国在全球商品贸易中排名第一的地位。各国储备货币的构成也反映了相似的情况。据 IMF 统计，截至 2021 年三季度，全球各国持有外汇储备总量约 12.8 万亿美元，其中美元占 7 万亿美元，占比 59.2%；其次是欧元，约 2.5 万亿美元，占比 19.1%；日元为 6 973.5 亿美元，占比 5.4%；英镑为 5 727.6 亿美元，占比 4.5%。而人民币以 3 189.9 亿美元排名第五，占比仅 2.5%。

  人民币虽然不想也没有条件成为美元一样的单边霸权货币，但人民币在国际上的地位被低估也是不争的事实，因此，我国一直在稳步推进人民币国际化。人民币国际化是一个长期、渐进的过程，需要在推进的过程中不断权衡利弊，而不是一味地在还没有准备好的时候"大干快上"，这样就会重蹈其他发展中国家在推动其主权货币国际化过程中所经历的弯路。总而言之，人民币是我国经济金融在国际上的代表，其国际化将牵扯到我国经济基本面以及资本市场的方方面面，是我国资本市场最大的大盘，因此必须慎之又慎，需要寻找最好的时机来逐步推进，避免引起不必要的系统性波动。近年来，我国持续探索渐进式的人民币国际化路径。早在 2009 年的 G20 财长和央行行长会议上，时任央行行长周小川就提出了以特别提款权（Special Drawing Rights，SDR）为基础发展超主权货币，以取代目前美元储备货币的想法。从 2009 年开始，我国就签署了数十项双边货币互换协议，其中多项协议是通过"一带一路"倡议的实施同步达成的，同时也为离岸人民币市场和人民币跨境结算中心的建立提供了条件。"一带一路"倡议可以说是人民币首先在"一带一路"沿线国家达到区域性国际化，先在"一带一路"项目上以人民币发挥国际货币职能，使人民币的使用范围扩大。而随着中国与"一带一路"沿线国家间的合作加深，也可以进一步吸引该区域上的其他国家参与到人民币的使用。事实上，目前东亚许多国家已经将人民币纳入其储备货币，并且其本国货币与人民币的相关性也逐渐增加。近年来，我国坚定推进人民币汇率市场化改革。人民币已经进入双向波动阶段，币值处在合理区间，稳定性大幅提高，大大增加了人民币持有者与使用者的稳定预期。

2009 年我国启动了人民币贸易结算试点项目，决定在上海、广州、深圳、珠海、东莞等城市先行开展跨境贸易人民币结算试点工作，境外地域范围暂定为我国港澳地区和东盟国家。之后两年参与结算的地域范围逐步扩大，离岸人民币清算中心在全球多个主要区域逐渐形成。目前，中国香港依然是主要的离岸人民币结算中心。根据环球银行金融电信协会（Society for Worldwide Interbank Financial Telecommunication，SWIFT）的数据，经由香港处理的离岸人民币交易占内地以外全球总量高达 75%。2021 年，我国跨境货物贸易项下人民币结算量达 5.7 万亿元，占总贸易金额的 15%。同时，人民币直接投资结算业务近年企稳增长。2021 年跨境直接投资人民币结算量约 5.8 万亿元，同比增长超过五成。随着人民币结算在贸易和投资中占比越来越大，美元的币值变化以及离岸美元的流动性对我国经济造成的影响越来越低，这与我国降低单一美元体系的风险诉求是一致的。

我国需未雨绸缪，积极采取措施防范中资金融机构及个人免受制裁影响。措施之一，即是建立本国的国家支付体系。中国现代化支付系统（China National Advanced Payment System，CNAPS）自 2002 年 10 月试运营以来，一直承担着人民币支付清算的重任。中国银联银行卡跨行支付系统（CUPS）作为 CNAPS 的一个子系统，建立了属于中国人自己的银行卡清算组织和卡品牌，银联在国内银行卡清算中逐渐成长，目前按综合能力已经成为全球第三大银行卡清算组织，仅次于 VISA、万事达。中国的 CNAPS 采取本币清算，并不受纽约清算所银行同业支付系统（The Clearing House Interbank Payment System，CHIPS）制裁的影响。但是 CNAPS 进行人民币跨境支付也有明显的局限性，除了不能实现实时跨境结算、跨时区清算、匹配国际清算系统接口等问题外，在代理行和境外清算行模式下都必须通过 SWIFT 系统传递跨境清算信息，仍然绕不开美国的控制。另外一个重要措施，就是直接绕过 SWIFT 系统，建立本国的金融信息交换系统。中国的人民币跨境支付系统（Cross-border Interbank Payment System，CIPS）早在 2015 年就已经诞生，旨在推动人民币国际化。2019 年，人民币成为第五大最活跃的国际支付货币，仅次于美元、欧元、英镑和日元。CIPS 是为境内外金融机构人民币跨境和离岸业务提供资金清算结算服务的重要金融基础设施。CIPS 参与者的所有支付和信息类业务均通过 CIPS 处理，这也就保证了 CIPS 系统可以与 SWIFT 保持相对独立。最新数据显示，自 2015 年 10 月上线以来，截至 2022 年 7 月末，CIPS 系统已有 76 家直接参与者，1 265 家间接参与者，覆盖全球 6 大洲，106 个国家和地区，实际业务覆盖 181 个国家的超过 3 800 家法人机构。

从外汇储备货币构成变化趋势来看，自欧元 1999 年诞生以来，美元资产在央行储备中所占比例从 71.2% 下降到 59.5%，降幅约 12 个百分点。欧元所占比例从 18.1% 上升至 2009 年最高的 28%，之后又下降至 2021 年的 20% 左右。而包括人民币在内的其他货币所占比例由 1.9% 上升至 9.3%。从长期来看，外汇储备中美元资产的占比逐渐下降，而包括人民币在内的其他货币外汇储备占比日益上涨。鉴于人民币目前并没有取代美元霸主地位的基础及意愿，但又存在提高人民币国际地位的现实需要，来准确反映中国在全球经济及政治中的应有地位。美国推行逆全球化也给人民币带来机会，进一步增加在国际上的影响力。

资本项目开放

人民币国际化离不开资本项目开放。从整体上来看，我国的资本项目开放最早的是直接投资，其次是资本市场等长期资金市场，目前正在积极推进金融市场开放。相比较而言，直接投资拥有最高的沉没成本，而且流动性比较差。所以，直接投资拥有较小的开放风险。在进行资本项目开放投资的时候往往坚持"风险应从小到大"这一基本原则。如今，我国在进行直接投资方面的限制很少，在证券投资方面的限制也在持续解除。然而国际经验告诉我们，短期资本的大进大出不利于金融稳定，证券市场的开放应保持循序渐进的步伐，综合考虑自身经济发展水平、宏观经济环境和市场经济制度完善程度。

目前全球主要有 3 种类型的证券市场国际化方式。第一种为完全的开放，其自由化程度最高，对资本的流动几乎没有限制，但这种类型只适合本地证券市场已经非常成熟，并且规模较大，能够抵御短期资本流动的冲击的情况。如，欧美发达国家的成熟证券市场主要采取该种模式。第二种为有限开放，即对海外投资者施加额外限制来控制开放带来的风险。这种额外的限制一般为设立内外资股两个分割的市场，就如我国的 A、B 股市场。另外一种就是限制海外投资者的持股比例、持股行业等。第三种就是间接开放，也就是通过组建共同基金的方式引入海外投资者，如我国的 QFII 和 RQFII。这相对前两种更为保守，也是多数证券市场开放初期所采取的方式。而这 3 种国际化的方式并不是完全割裂的，而是在国际化的实践过程中，根据市场发展的不同阶段，有重点地采取合适的模式。目前投资 A 股的途径除了早期的 QFII 和 RQFII，最主要的就是陆港通渠道，但都属于有限的、间接的开放。在完善资本市场基础制度、加快多层次资本市场建设基础上，研究推出国际板，允许境外公司在境内一级市场发行股票。

国际指数增加 A 股纳入比重也将增加 A 股的国际化程度。A 股在 2018 年 6 月 1 日正式纳入 MSCI 指数。2019 年 MSCI 分三步将 A 股纳入比例从 5% 提高到 20%，导致 A 股占 MSCI 新兴市场指数的权重从 0.71% 上升至 3.36%。按照追踪 MSCI 全球指数、新兴市场指数、亚洲除日本指数及中国指数的资金量估算，纳入因子提高至 20% 为 A 股带来了约 800 亿美元的增量资金，约合 5 000 亿元人民币。若以实际买入的增量来看，扩容实际增量资金超 1 500 亿美元。未来，MSCI 如果按照 100% 纳入 A 股，预计可以增加被动流入约 3 500 亿美元。但从过去实际运行经验来看，实际流入资金将远超被动资金。外资的持续流入，能够改善 A 股生态，有利于我国境内机构投资者的成长，改变我国个人投资者占主导的情况，进而放开涨跌停板、T+1 等交易限制，使 A 股进一步与国际接轨，形成正向循环。

第二节
走向自由的 A 股

其实，A 股走向世界就是意味着 A 股对外的自由，各类资本可以相对自由地进出 A 股。但除此之外，A 股也需要对内走向自由。对内的自由分为两个方面。

一方面，A 股上市的自由，也就是注册制的全面推行。2022 年的政府工作报告，已经提出全面实行股票发行注册制。目前注册制只在科创板、创业板等板块试点。2019年，科创板试点注册制落地。2020年，创业板存量市场引入注册制。2021年，北京证券交易所设立，同时试点注册制。虽然注册制试点的时间不长，但2021年，注册制试点下的上市公司数量及融资金额已占同期A股市场50％以上。2022年，中国资本市场的主要改革目标之一就是全面实行注册制。

从注册制试点的成果来看，这项改革在中国资本市场运行平稳，为我国科技创新企业的发展壮大提供了有力支持，使得新兴行业中的大量优秀企业能够在早期就获得足够的资本支撑，从而及时把握现代科技发展中转瞬即逝的机会，也能够为我国推进产业升级，向科技驱动转型起到促进作用。从2019年科创板开板，以及2020年创业板改革并试点注册制落地以来，A股市场共迎来了600余家优质企业在注册制下完成发行上市，合计融资规模超过7 000亿元。

注册制所带来的A股自由度提升，主要体现在更加多元化的上市标准以及更加简化的上市条件上。注册制令过去在核准制之下因盈利水平、商业模式、股东结构等达不到上市要求而被拒之门外的优秀企业也能够享受到我国资本市场的融资支持。当然，A股上市融资自由度的提升也能够转化为我国企业科技创新的自由度提升。众所周知，企业如果要创新，增加研发投入往往是与短期的盈利能力相悖的。在旧的上市制度下，企业往往为了能够融到更多的资金，将企业发展限制在已经比较成熟的盈利业务上，这样就影响了企业投资在研发上的动力，限制了未来更好发展的可能性。而在注册制下，科研创新的自由与上市融资的自由有效融合，大大增强了我国科技自主创新能力以及国际竞争力。当然，上市的自由也是有代价的。更自由的上市意味着更高的风险。完善的退市机制、充分的信息披露是市场有效资源配置、促进优胜劣汰、始终保持活力的重要保障。

此外，A股对内的自由意味着交易的自由。A股市场目前采取的涨跌停板、T+1等交易限制，虽然其目的是保护投资者、防止短期投机，但是以牺牲股市流动性、有效性为代价。事实上，交易限制增加了股市的波动性，中长期来讲对A股的发展不利，更高的波动也并不能真正起到保护投资者的作用。从过去的实践来看，这些交易限制的措施并没有真正保护投资者，抑制市场投机行为。如果取消交易限制，还A股投资者交易的自由，那投资者发现了判断错误，或是交易失误，都可以在盘中进行纠正，而不用等到第二个交易日。而往往经过一个晚上，市场又会产生许多新的信息和变化。拥有交易自由的投资者就不用承担这些额外的风险。由于股票市场是单边多头市场，因此投资者往往需要借助股指、期货等金融衍生工具来进行做空。目前我国股指期货采用 T+0 交易，这就使两个市场的投资者自由度处在不对等的地位。股指期货投资者可以通过 T+0 的优势在期货市场进行套利，先行获利了结，而 T+1 的股票投资者交易中就处在被动地位。尽量减少交易限制是国际成熟市场通行的做法。自由交易也是投资者合法交易的基本权利。交易制度如果不能够和成熟市场接轨，则会阻碍我国金融市场的开放，我国的投资者也会在面对海外成熟投资者时处于弱势。

我国证券市场近些年也在积极拓宽交易自由度。2019 年科创板开板之时，根据上交所的规定，科创板新股上市后前 5 个交易日不设涨跌幅限制，在上市 5 个交易日之后，实行 20% 的涨跌幅限制。与 A 股主板现行的 10% 相比，可以大幅减少交易障碍，提升市场效率。根据历史数据测算，涨跌幅限制提高到 20% 可以减少约 80% 的涨跌停现象。2020 年，根据《深圳证券交易所创业板交易特别规定》，创业板股票竞价交易实行价格涨跌幅限制，涨幅限制比例为 20%。同时，创业板首次公开发行上市的股票，上市后的前 5 个交易日不设价格涨跌幅限制，5 个交易日后涨跌幅限制比例为 20%。这样创业板的涨跌幅限制与科创板保持一致。

当然，取消交易限制也不可操之过急。交易自由度的提升只是我国进一步完善资本市场建设中的一环，需要基础设施、监管措施、投资者结构各方面的配合。如果在市场整体成熟度仍没有达到合适水平，过快地取消交易限制，则容易好心办坏事，反而打乱我国稳步推进资本市场建设的步调，结果得不偿失。例如，我国股票市场刚刚建立的前几年，个股没有涨跌停限制。当时我国的股票市场较现在更加稚嫩，结果可想而知，市场投资炒作氛围高涨，极大地破坏了市场秩序，最终无涨跌幅限制的交易制度很快就被叫停。目前我国 A 股市场实行差异化的交易制度。20% 的涨跌停限制先行在科创板及创业板试行，为今后进一步扩大交易限制范围，进而在整个市场推行铺平道路。如此循序渐进、有节有度地推进，才能带来真正的自由。

第三节
走向盈利的Ａ股

降低波动的好处

按照之前中美股市的对照，可以看到在指数层面，Ａ股的年化涨幅并不比美股低。但为何Ａ股总体给人的感觉是不赚钱？其中一个原因是我们之前提到过的，Ａ股的波动率更高。并且长期以来，Ａ股市场的主体——个人投资者喜欢频繁交易，这样就将实际上并不错的长期收益淹没在无限的波动之中，导致每个个体可能都感受不到赚钱效应。在波动中赚到的钱，可能只代表一段波动中的上行部分。在频繁的交易中，总有机会在另一段波动的下行部分给亏掉。当然，如果你能通过科学的统计分析，在波动中找到一个稳定的平均回报，那也可以通过高频交易（注意，高频交易和频繁交易有本质区别）将实验次数无限扩大，来降低平均回报的波动，从而实现预期回报。当然，在股票市场中，几乎很难找到一组稳定的样本，选取不同时间范围的样本都会产生不同的统计量，这也就是多数高频策略的生命周期都不长，需要不断更新迭代的原因。总而言之，无论对个人散户的频繁交易，还是现代量化的高频交易，高波动都是侵蚀收益质量的一个主要因素。因此，我国Ａ股市场进一步增加机构投资者的占比、完善股票做空机制、降低交易限制等一系列措施的推进，直接目的都是降低股市不必要的波动，降低投机属性，增加可投资性。

一级市转为二级市

另外一个方面，走向更加赚钱的Ａ股，意味着Ａ股从融资市向投资市的转变。在我国改革开放初期，市场化经济体制改革的重要组成部分就是企业股份制改革。因此作为资本市场的Ａ股，事实上在过去很长一段时间承担了我国市场化经济改革的重要一部分。从这一层面来看，Ａ股市场事实上是以其改革属性登场的，更多是自上而下推动的。由于我国改革开放之前大量的国有企业需要改制，而盘活国有资产就需要通过资本市场的参与，将改革推进到底，通过股份制以及资本市场把过去的机制给取代了。在20世纪八九十年代，我国的国有企业占比90%以上，私营企业非常少。可以说，只有把国有企业、国有资产盘活，才能把经济搞活。因此，我国A股市场的建立是国有企业进行股份制改革的重要媒介，也是为国企改革服务的，它通过建立新的股份制打开我国经济的出路。正因为改革是A股设立的出发点，才出现了我国股权分置的制度设计。由于我国资本市场在发展初期规模相对较小，市场容量有限，考虑到市场承受力，将股票分为流通股和非流通股，出现了股权分置现象。此外，我国在建立资本市场的初期仍处在姓"资"还是姓"社"的争论中，在利用股票市场更好地为改革开放服务之外，同时又要维护公有制度，因此当时上市公司的股份中，保留相当大比例的国有非流通股，这也是当时历史条件下的制度设计。A股市场在当时很好地完成了改革任务，之后在2005—2007年也很好地解决了股权分置问题。随着改革开放的进行，私营经济的规模快速发展壮大，而多数民营企业在最开始就是家族企业。在私营企业成长过程中，如何帮助其走上股份制道路，变成现代化的企业，并且能够向公众募集资金，成为我国A股市场在盘活国有资产之后的新任务。但无论是国有企业改革，还是私营企业发展，其实都主要从融资端来考虑，是我国改革开放、市场经济发展中非常重要的一环。

股票市场本来就是资本催生的产物，我国的A股市场也不例外，在完成其历史使命之后，A股还是要回归到资本的角度来获得持续发展。而资本的本质就是利益，也就是资本的参与最终是需要考虑回报的。在理顺了A股市场不同性质股东之间的利益关系之后，尤其是社会资本和国有资本的关系后，过去这些积极参与国企改革的社会资本也开始需要考虑投资回报问题。因此，积极发挥我国A股市场的投资回报功能，将是未来重点关注的方面。

那么既然未来A股市场要从融资市向投资市靠拢，那首先需要解决过去为了促进融资而产生的许多非市场化因素的干扰。全面实施注册制从某种程度上来说可以降低过去审批制、核准制中产生的对融资过程的干扰，让融资方和投资方来共同决定买什么和多少钱的问题，而不是由第三方来参与决策的过程。当标的和价格均由市场决定的时候，市场自然会给出一个满意的投资回报。注册制让一批具有竞争力、科技研发实力，但在旧规则下却不能够满足 A 股融资门槛的创新企业有机会上市融资。而 A 股投资者也能够在市场化的环境下自由选择投资机会，为自己的投资决策负责。事实上，注册制就是进一步的市场化，市场化就是优化资源配置，优化资源配置就是最大化投资回报率。好的资产获得好的回报，差的资产逐渐淡出。这样，从市场的层面，才会有越来越多更加优质的、代表未来的公司聚集。从宏观层面，经济结构转型的过程能够更加顺畅。

让市场作为资源配置中的选择主体，需要市场监管部门将相应的审核职能下放，同时需要在规则制定、制度建设上更加完善，使市场主体能够在明确、稳定的规则之下放心地展业。从目前科创板、创业板的注册制试点之下整体稳健的运行可以看出，目前的制度安排已经相对成熟，基本达到全面推广的条件。注册制的成功推广，还需要对应的市场化的退市机制配合，才能不断完善。2020 年 12 月，沪深交易所发布"退市新规"，全面完善退市标准，简化退市流程，严格退市监管。近两年来，监管层一直在完善退市制度，建立常态化退市机制，全面深化资本市场改革。另外，注册制下，最重要的保证就是信息披露制度的完善。价值由投资者自行判断，但必须将投资者放在一个公平、公正的竞争性环境之下，不能让投资者相对于上市企业，或者在各类投资者之间，存在由于制度缺陷造成的信息差。目前实行注册制的科创板、创业板中都对信息披露有了更高的要求。同样，新证券法对上市公司在信息披露方面也提出了更具体的责任划分及处罚标准。另外，在投资者保护机制的完善上，还需推出集体诉讼制度等安排。有了司法制度方面的配合，我国资本市场的建设和改革才是完整的、成体系的。

一个更加赚钱的 A 股，相信并不是单单从中国经济的持续发展、上市公司的盈利能力等方面来定义的，更重要的是，A 股市场的制度建设，能够使投资者从中国经济的发展以及公司的发展中分享到属于自己的那一份回报。